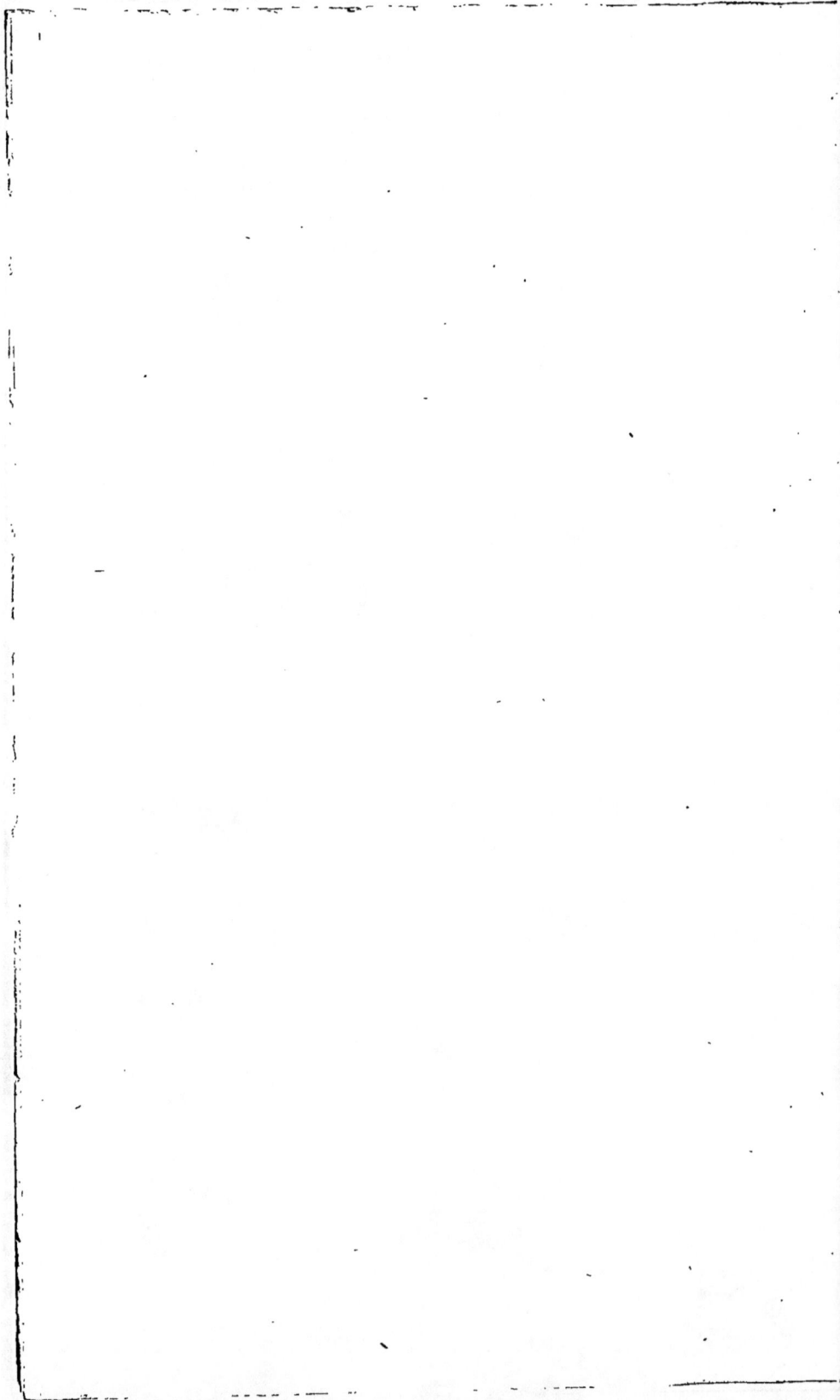

L'INCENDIE

DU

PALAIS DE PARIS

En 1618.

RELATION DE RAOUL BOUTRAY

Réimprimée pour la première fois

AVEC UNE INTRODUCTION ET DES NOTES

PAR

HIPPOLYTE BONNARDOT.

PARIS

LÉON WILLEM, ÉDITEUR

2, RUE DES POITEVINS, 2

—

1879

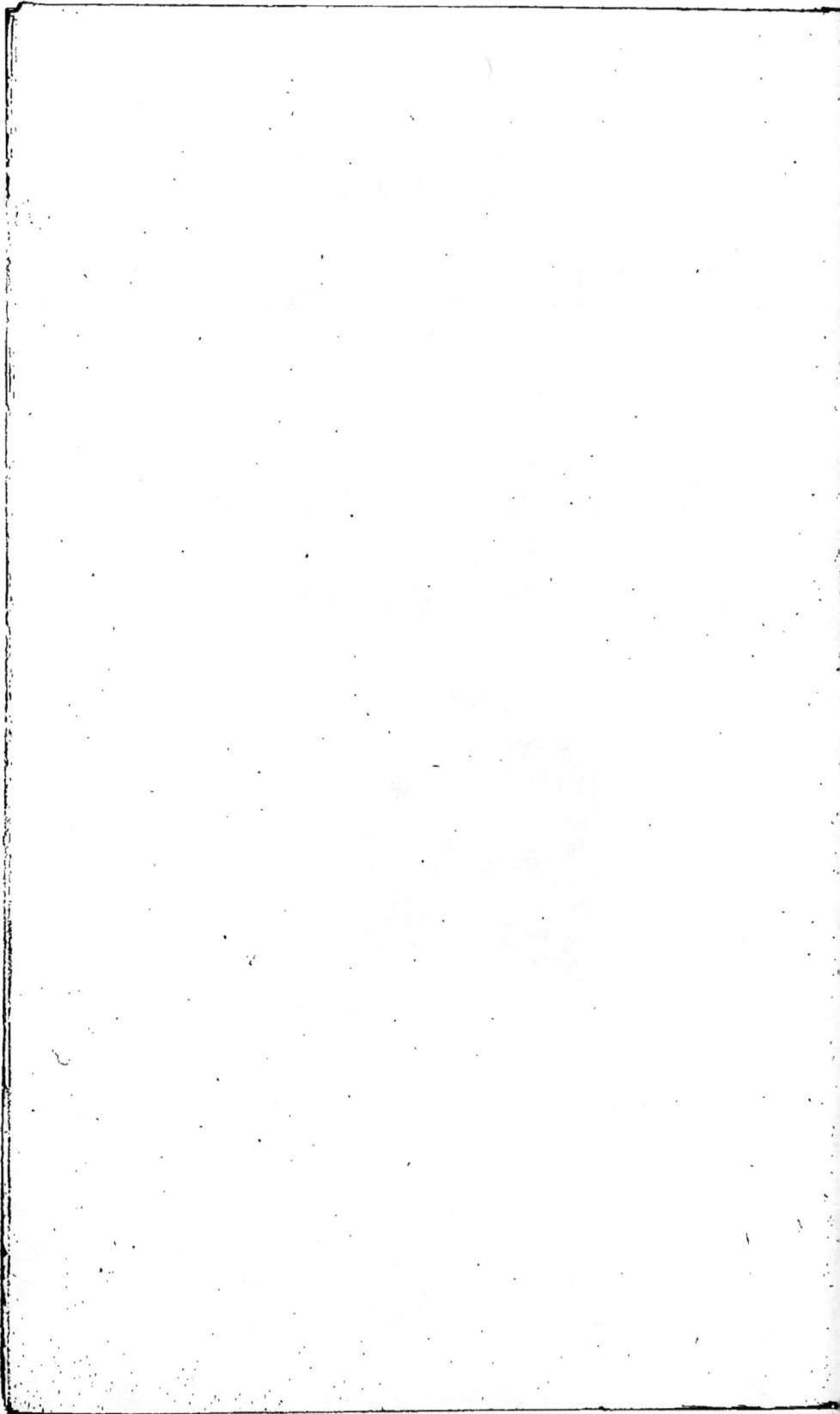

COLLECTION DE DOCUMENTS

RARES ET INÉDITS

RELATIFS A L'HISTOIRE DE PARIS

L'INCENDIE

DU

PALAIS DE PARIS

En 1618.

TIRÉ A 350 EXEMPLAIRES

TOUS NUMÉROTÉS

---

325 sur papier vergé des Vosges.
22 — Chine véritable.
3 sur parchemin.

Nº

L'INCENDIE

DU

PALAIS DE PARIS

En 1618.

RELATION DE RAOUL BOUTRAY

Réimprimée pour la première fois

AVEC UNE INTRODUCTION ET DES NOTES

PAR

HIPPOLYTE BONNARDOT.

PARIS

LÉON WILLEM, ÉDITEUR

2, RUE DES POITEVINS, 2

—

1879

L'INCENDIE

DU

PALAIS DE PARIS

En 1618.

INTRODUCTION

I

LA GRAND'SALLE AVANT L'INCENDIE

LA Grand'Salle du Palais, comme on disait jadis, incendiée en 1618, avait été construite et inaugurée au commencement du XIVe siècle, par ordre du

roi Philippe-le-Bel, sous la direction d'Enguerrand de Marigny, son premier ministre.
Elle avait à peu près les mêmes dimensions
que la salle actuelle du Palais-de-Justice dite
des Pas Perdus, était dallée en marbre blanc
et noir, divisée en deux parties par une suite
de sept piliers soutenant deux nefs de charpente rehaussées d'or et d'azur et éclairée par
de hautes fenêtres en ogive ornées de vitraux.
On y voyait figurer, dans des niches sur-
montées de dais de style gothique, adossées
aux parois latérales et aux piliers de soutien,
les statues peintes et dorées des rois de
France, œuvres des plus fameux *ymagiers
en pierre* de l'époqne; au-dessous de cha-
cune d'elles était une inscription commé-
morative rappelant la date de l'avènement et
celle de la mort de chacun de nos rois, depuis
Pharamond jusqu'à Charles IX. « Henri VI,
» Roi d'Angleterre, usurpateur du Royaume
» (dit Sauval, *Histoire de Paris*, t. II, p.
» 347), y mit sa figure à qui Charles VII
» depuis fit taillader le visage: ce qui est si
» vrai qu'en 1618, lorsque par malheur la
» Salle du Palais fut brûlée, le Conseiller

» Peiresc (1) reconnut aussitôt cette figure par-
» mi les ruines, et fit remarquer aux Curieux
» qu'elle étoit mutilée. » Un compte de la
Prévôté de 1471 inséré *ibid.* (t. III, p. 400),
nous apprend comme suit qu'une de ces statues, celle de Louis XI, avait été transférée,
de son vivant, de l'hôtel Saint-Paul à la
Grand'Salle du Palais : « A Martin Gentiel,
» Maçon et Tailleur de pierre, et Estienne
» Hinselin Huchier et Menuisier, la somme
» de neuf livres quatre deniers parisis, qui
» due leur étoit par le Roi, pour avoir par
» eux et leurs Aides été querir en l'Hostel de
» la Reine (Isabeau de Bavière) à St Pol, et
» mené seurement en la grant salle du Palais
» la representation du Roi notredit Seigneur,
» qui à present est, et icelle avoir montée et
» assise au pillier étant en ladite salle près du
» lieu où est la representation de feu le Roi
» Charles (Charles VII) son pere, cui Dieu
» pardoint, etc. » Trois portes donnaient

---

(1) W. A. Fabri de Peiresc, antiquaire érudit, conseiller au Parlement de Provence.

accès à la Grand'Salle : deux d'entre elles
communiquaient au sud, l'une dite *des petits
degrés,* par un escalier, avec la Cour du Mai,
l'autre dite du *Perron royal,* par quelques
marches, avec la Galerie aux Merciers (anciennement *Mercerie du Palais*) qui s'étendait
sur une longueur de quatre-vingt pieds (1)
de la Grand'Salle à la Sainte-Chapelle, et la
troisième, percée en 1550, s'ouvrait au nord
sur la Grand'Chambre ou Chambre dorée.
« Audict an (1550), lit-on dans les *Antiqvitez*
» *de Paris* de Gilles Corrozet (édit. 1586,
» f° 172), fut faicte ouuerture en la grosse
» muraille de la salle du Palais et dressee vne
» porte pour entrer de front en la chambre
» doree de Parlement. »

Les jours de grandes solennités, on arrivait
dans la Grand'Salle après avoir franchi la
porte dite de *Philippe-le-Bel* (portail gothique servant d'entrée à la Galerie aux Mer-

---

(1) « La sale des merchiers a de long quatre-vingt
piés. » (Guillebert de Metz, *Description de Paris.* Ch.
XXI. *Du Palais*).

ciers et précédé d'un perron monumental dit
grands degrés, au fond de la Cour du Mai),
la partie septentrionale de la Galerie aux
Merciers et la porte dite du *Perron royal*.
Sauval (*Hist. de Paris*, t. III, p. 446) insère
ce qui suit dans les Comptes de la Prévôté de
Paris de 1484 : « Robin Possepain, Mercier,
» demeurant à Paris, pour un Estal assis au
» Palais en la gallerie du Palais, joignant de
» la porte du beau Roi Philippes qu'ils tien-
» nent aux vies de lui, de Jaqueline sa femme
» et Estienne leurs fils. » La *gallerie du
Palais* signifie la galerie aux Merciers, et la
porte *du beau Roi Philippes* la porte de Philippe-le-Bel. Cette porte tirait sa dénomination d'une statue de ce roi qui y figurait
comme fondateur du Palais (1) ainsi que celle
d'Enguerrand de Marigny (V. G. Corrozet,

---

(1) En 1383, à la suite d'une sédition des Parisiens,
« Le Roy (Charles VI) estant assis en vn trosne sur
» les grands degrez du Palais, deuant l'effigie de
» Philippes-le-Bel, fit parlementer au peuple illec
» assemblé, par Pierre d'Orgemont, son chancelier. »
(Antiquit. de Paris de Gilles Corrozet, édit. 1586,
f° 132, verso).

édit. 1586, f⁰ 98, et Sauval, t. II, p. 348).
Celle-ci qui avait été placée par son ordre au-
dessous de celle du roi, fut précipitée par le
peuple du haut en bas des *grands degrés*,
dans la Cour du Mai, en signe d'infamie,
lorsque ce ministre fut pendu en 1315, par
ordre du roi Louis-le-Hutin, pour avoir
dérobé le trésor royal, au gibet de Montfaucon qu'il avait fait construire. Cette statue
survécut encore fort longtemps aux mutila-
tions qu'elle dût subir dans sa chûte. Saint-
foix dit à propos de la statue d'Enguerrand de Marigny dans ses *Essais historiques sur Paris* (*Paris*, 1767, t. I, p. 238):
« J'ai eu la curiosité d'aller la voir dans une
» petite cour de la prison de la Conciergerie
» où elle est sans piédestal, et appuyée con-
» tre le mur; elle m'a paru d'une bonne atti-
» tude; la taille est en courte et assez fournie;
» le visage est riant et agréable; l'habille-
» ment descend au-dessous des genoux; elle
» a sur la tête une espece de chaperon dont la
» pointe, qui n'est pas rejettée en arriere, mais
» entortillée, revient sur l'oreille gauche;
» on remarque sur l'habit un baudrier brodé

» auquel l'épée est attachée. » Dulaure en
parle ainsi à la p. 261 du t. II de sa *Nouvelle
description des curiosités de Paris* (*Paris*,
1787, pet. in-8°): « A un bout de cette
» grand'salle (des Pas-perdus) proche la
» chambre des Eaux et Forêts, on voit une
» statue colossale et mutilée appuyée contre
» le mur; c'est celle d'*Enguerand de Mari-
» gni*, Ministre accusé de vexation, con-
» damné au supplice, mais innocent, et dont
» la mémoire a trouvé des défenseurs dans
» ce siècle-ci. » Qu'est-elle devenue depuis?
C'est ce que nous ignorons. Il y avait au
Palais, outre cette statue, un portrait d'Enguerrand de Marigny. On lit dans Gilles
Corrozet (*Antiq. de Paris*, édit. 1586, f° 110):
« Sa pourtraicture est encores en platte pein-
» ture deuant l'Image nostre Dame, contre
» vne muraille, aboutissant à vne Tour, ainsi
» qu'on monte les degrez de la grand salle :
» et pres de là est graué en pierre :

« Chacun soit contant de ses biens
» Qui n'a suffisance il n'a riens. »

Une vue perspective du perron qui donnait accès à la porte de Philippe-le-Bel, restauré à l'aide d'anciens plans du Palais et de deux dessins de la collection Lassus, se voit à l'article *Perron,* t. VII, p. 119 du *Dictionnaire raisonné de l'architecture française* de M. Viollet-le-Duc *(Paris. A. Morel,* 1864, in-8º).

La Grand'Salle du Palais servait aux réceptions des princes étrangers et des grands vassaux de la Couronne, aux audiences des ambassadeurs, aux entrées solennelles des rois de France dans leur bonne ville de Paris, aux publications des traités de paix, aux noces royales, aux festins publics et aux représentations théâtrales des clercs de la Bazoche.

Sauval *(Hist. de Paris,* t. II, p. 3) la décrit ainsi : « Le dessous de la grande salle » est bâti avec beaucoup de solidité et por- » toit une salle qui passoit pour l'une des » plus grandes, et des plus superbes du » monde; elle étoit pavée de marbre blanc » et noir, lambrissée et voutée de bois, ac- » compagnée dans le milieu de piliers de » même, tous rehaussés d'or et d'azure, et

» remplis des statues de nos Rois, représen-
» tés de sorte que pour les distinguer, ceux
» qui avoient été malheureux et faineans
» avoient les mains basses et pendantes ; les
» braves au contraire et les conquerans,
» avoient tous les mains hautes. A un des
» bouts étoit placée une Chapelle, qu'avoit
» fait faire Louis XI en 1477 qu'il borda de
» deux colomnes, où étoit sur l'une la figure
» de Charlemagne, et sur l'autre celle de
» St Louis, pour qui il avoit beaucoup de
» devotion: A l'autre bout de la salle étoit
» dressée une table, qui en occupoit presque
» toute la largeur, et qui de plus portoit tant
» de longueur, de largeur et d'épaisseur,
» qu'on tient que jamais il n'y a eu de tran-
» ches de marbre plus épaisses, plus larges
» ni plus longues. Elle servoit à deux usages
» bien contraires : pendant deux ou trois
» cens ans, les Clercs de la Bazoche n'ont
» point eu d'autre theatre pour leurs farces,
» et leurs momeries; et cependant c'étoit le
» le lieu où se faisoient les festins Royaux,
» et où on n'admettoit que les Empereurs,
» les Rois, les Princes du sang, les Pairs de

» France, et leurs femmes, tandis que les
» autres Grands Seigneurs mangeoient à
» d'autres tables. »

La chapelle élevée par Louis XI qui s'y
était fait représenter agenouillé aux pieds de
la Sainte Vierge, pour être orientée comme
tous les édifices religieux l'étaient à cette
époque, était située à l'orient, du côté de la
rue Saint-Barthélemy, dite depuis de la Ba-
rillerie, aujourd'hui boulevard du Palais :
elle était construite toute en bois, avait été
dédiée à Saint-Nicolas et servait chaque année, à la rentrée solennelle du Parlement, à
la célébration de la messe du Saint-Esprit
dite *messe rouge*, à cause de la couleur des
robes des assistants. Les deux statues de
Charlemagne et de Saint-Louis avaient été
descendues de leurs places, dans la Grand'-
Salle, par ordre de Louis XI, pour être dres-
sées sur des colonnes de chaque côté de cette
chapelle.

La table de marbre était à l'extrémité op-
posée, au couchant, du côté de la cour de la
Conciergerie. Jean de Jandun s'exprime ainsi,
au chapitre II de la seconde partie de son ou-

vrage intitulé *Tractatus de laudibus Pari-sius* (1323) : « Sed et marmorea mensa, sue
» politissime planitiei uniformitate refulgens,
» sub *occidentalium vitrearum* lumine fixa,
» sic tamen quod ad oriens respiciunt con-
» vivantes. » (1) Gilles Corrozet (*Les Antiq.
de Paris*, édit. 1586, chap. XIII) commence
ainsi son énumération des statues des rois
de France : « Pource qu'il se voit ordinai-
» rement controuerse entre les Historiogra-
» phes, en tant que touche l'ordre des Roys
» (mesmement des anciens) et le temps de
» leurs regnes, ie les mettray cy en la propre
» maniere qu'il est escrit sous leurs effigies,
» en la grande salle dudict Palais, le com-
» mencement desquels est entre les deux
» verrieres, au chef de la table de marbre
» *vers Occident*, du costé du parquet des
» Requestes. » Ce renseignement est très
exact : le parquet des Requêtes était situé

---

(1) Traduct. littérale : « La table de marbre, dont
» la surface uniforme et polie resplendit au couchant
» sous le reflet des vitraux, est placée de manière que
» les convives regardent vers l'orient. »

dans la Grand'Salle du Palais, près de la porte de la Grand'Chambre ou Chambre dorée, au dire d'Etienne Pasquier (Chapitre III du second livre des *Recherches de la France. Paris*, 1617. In-4°). L'assertion suivante, émise au f° 28 (verso) d'un récit contemporain de l'entrée de Henri II à Paris en 1549 (1), détermine l'emplacement de la table de marbre et confirme les indications précédentes. Après avoir fait une énumération détaillée des Princes et Seigneurs qui prirent place, pour le souper royal, à la table de marbre, l'auteur (Hardouin Chauveau) ajoute : « au dessoubs de ladicte table de » marbre à main droicte tirant iusques à la » porte de la salle des merciers fut dressée » vne autre table ordonnée pour les autres

---

(1) *C'est l'ordre qui a este tenu a la nouuelle et joyeuse entree qve... le roy tres chrestien Henry deuxiesme de ce nom, a faicte en sa bonne ville et cité de Paris capitale de son royaume le seʒieme iour de Iuing M.D.XLIX. On les vend à Paris, cheʒ Iacques Roffet dict le Faucheur.* (Par Hardouin Chauveau). 1549. In-4° de 38 ff. avec onze fig. sur bois attrib. à Geofroy Tory.

» Princes, Ambassadeurs et Cheualiers de
» l'ordre. » Or la porte de la salle des merciers, dite *du Perron royal*, s'ouvrait près de
l'extrémité occidentale de la Grand'Salle,
non loin de la table de marbre.

« Tante perfecto magnitudinis existit,
» quod, si mensuram ejus absque probatione
» proponérem, timerem michi non credi ».
*Elle est si grande, que, si j'en donnais la
mesure sans preuve, je craindrais de ne pas
être crû,* dit Jean de Jandun (*loc. cit.*, p. 15)
au sujet des dimensions de la table de marbre.
On lit dans la *Description de la ville de
Paris au XVe siècle*, par Guillebert de Metz
(Ch. XXI. *Du Palais*) : « La salle du palais
» a de long six vingt piés et de large cin-
» quante piés... là est la table de marbre de
» neuf pièces. » Cette table était donc en
neuf morceaux et non en un seul comme
l'affirme Sauval (t. II, p. 347), lorsqu'il dit :
« la plus grande tranche de Marbre qu'il y
» ait jamais eu. » Elle était en marbre noir
et de forme oblongue. Dulaure, qui n'in-
dique pas d'ailleurs la source où il a puisé ce
document, commet, à ce sujet, une erreur

— 18 —

inexplicable dans une note de la p.34 de
ses *Singularités historiques sur Paris* :
» Grande table *ronde*, dit-il, placée à une
» extrémité de la grand'salle où les Rois
» donnoient des festins dans les grandes cé-
» rémonies. »

La table de marbre servait à différents
usages. Ce n'était pas une estrade destinée à
recevoir une table, comme l'ont cru jusqu'ici
quelques archéologues, mais une *table*, dans
le vrai sens du mot, (1) autour de laquelle

---

(1) L'extrait suivant, d'une curieuse description du
banquet offert par le roi François Ier à l'empèreur
Charles-Quint, dans la Grand'Salle du Palais, à l'oc-
casion de son entrée solennelle à Paris, le jeudi
1er janvier 1539 (1540), insérée dans la *Cronique du
Roy Françoys premier de ce nom*, publiée par M.
Georges Guiffrey (*Paris, Ve Jules Renouard*, 1860,
in-8°), ne laisse subsister aucun doute sur la desti-
nation de cette table : « Au dessus de la table de
» marbre où soupèrent l'Empereur et le Roy estoit
» ung ciel de drap d'or. La nappe *qui estoit sur icelle
» table de marbre* estoit tout alentour aornée des
» armes de l'Empereur, du Roy, de messeigneurs
» les Daulphin, duc d'Orléans et duc de Vendosme,
» faicte de broderie. Pour aller à ladicte table de
» marbre falloit monter sur une platte forme eslevée
» de quatre degrez ».

siégeaient de droit, comme convives, les
jours de grandes cérémonies, le roi et tous
les membres de la famille royale, tandis que
les autres dignitaires ou grands personnages
prenaient place à des tables inférieures dres-
sées sur les dalles de la Grand'Salle ; « de plus
» (dit Sauval, *Hist. de Paris*, t. II, p. 644),
» on donnoit à boire et à manger à tout ve-
» nant, et ceux qui vouloient se mettre à
» table, y étoient servis très-largement par
» les serviteurs du Roi, des vins et viandes
» d'icelui. » C'était aussi sur cette table
que les clercs de la Bazoche édifiaient
leur théâtre, pour être plus en vue, quand
ils y jouaient des *mystères*, *farces*, *soties* ou
moralités. Un serment prêté au roi *devant
la table de marbre* devait être inviolable.
En voici un exemple tiré du *Journal parisien de Jean Maupoint*, prieur de Sainte-
Catherine-de-la-Couture, publié par M. G.
Fagniez au t. IV des *Mémoires de la Société
de l'Histoire de Paris* (Paris, 1877, in-8°),
p. 82 : « ledit de Luxembourc, conte de
» Saint Pol, aujourd'ui samedi XIIᵉ jour
» dudit mois d'octobre audit an mil IIIIᶜ LX

» cinq, par le roy (Louis XI) fut establi et
» institué conestable de France. Et cedit
» jour, le roy estant à Paris en la grant sale
» du Palaix, devant la table de marbre, ledit
» conestable feist au roys les sermens de
» loiaulté et services acoustumés d'estre fais
» par connestablez aus rois de France, et re-
» ceut l'espée de France de la main du roy, puis
» le baisa en la bouche. » La table de marbre
était aussi le lieu de réunion des trois juridic-
tions de la connétablie, de l'amirauté et des
eaux et forêts, d'où le surnom de *Juridiction
de la table de marbre*, dénomination qui
s'est conservée jusque vers la fin du XVIIIe
siècle, malgré la destruction de cette table.

Une pièce de vers anonyme du XVe siècle,
d'une extrême rareté, intitulée *Ensuit las-
siette du souper à la table de marbre de la
grande salle du Palais* et réimprimée à la
suite de *L'entrée du roy nostre sire* (Charles VIII) *en la ville et cité de Paris* (*Société
des bibliophiles de Reims*, 1842, pet. in-8°,
de XXV-33 p., tiré à très petit nombre),
commence par ces douze vers :

Tantost après le Roy s'assist
Pour souper, je vous certifie,
En la grande salle de haut prix
Du palais, bien appareillée,
Et tendue de tapisserie
Si riche, qu'en la deviser
Lettre y conviendroit infinie
Pour tout l'estat au vray compter.
Après qu'à sa table de marbre,
Il fût assis au fin milieu
On fût servi non pas en madre (1)
Mais en or, et argent moullu.

Il y avait en outre, en dehors de la Grand'
Salle, dans la Cour dite du Mai, la *pierre de
marbre* (qu'il ne faut pas confondre avec la
table de marbre) près de laquelle se tenaient
les sergents du roi pour ajourner les grands
vassaux à comparaître devant le Parlement.
En 1418 les cadavres des principaux chefs
des Armagnacs furent exposés « au pied du
dégré du Pallays sur la pierre de marbre, »
et en 1440 une fausse Pucelle d'Orléans « fut
monstrée au peuple au Palays sur la pierre

---

(1) *Madre*, matière dont on faisait les vaisseaux à
boire.

de Marbre en la grant Cour. » (V. le *Journal de Paris sous Charles VI et Charles VII*, p. 41 et 186).

La Grand'Salle du Palais renfermait, outre la chapelle Saint-Nicolas et la table de marbre, des boutiques de librairie, de mercerie, de lingerie, etc., adossées aux quatre premiers piliers, à partir de la chapelle, et qu'on déménageait chaque fois qu'une grande cérémonie devait avoir lieu dans la Grand'Salle. « Les Baillis et Concierges du Palais, nous » apprend Sauval (*Hist. de Paris*, t. III, » p. 593), avoient plusieurs beaux droits, » prééminences, privileges, franchises et li- » bertés, et entre autres avoient accoutumé » d'ancienneté de donner et disposer des » sieges, bancs, étaux, loges, et autres places » étant ès grande salle et gallerie aux Mer- » ciers. » Parmi les boutiques de libraires le plus en renom, nous citerons celles de Denis Janot (*en la grant salle du Pallais au premier pillier deuant la chappelle de Messeigneurs les presidés*), de Galiot du Pré (*au premier pillier de la grant salle du Palais*), de Gilles Corrozet (*en la Grande salle du*

Palais, ioignant les Consultations), d'Antoine Vérard (*au Palays au premier pillier
devant la Chapelle, où l'on chante la messe
de Messeigneurs du Parlement*), de Jehan du
Pré (*en la grád salle du Palais, au second
pillier*), de Guillaume Eustace (*dedés la
gráde salle du palais au tiers pillier*).

Il y avait encore dans la Grand'Salle un
certain nombre de bancs destinés aux procureurs, avocats, clercs ou solliciteurs qui fré-
quentaient le Palais, adossés aux trois piliers
où il n'y avait pas de boutiques et au pour-
tour de la salle, plusieurs cheminées monumentales, et deux effigies dont nous reparle-
rons à propos de l'incendie de 1618, qui
jouissaient en leur temps d'une certaine cé-
lébrité : l'une d'un cerf, en bois dans l'origine, puis en or massif et en bronze doré ;
l'autre d'un serpent (ou d'un crocodile), trophée légendaire d'un combat héroïque. (1)

---

(1) La Grand'Salle a inspiré à Victor Hugo un des
chapitres les plus pittoresques et les plus mouve-
mentés de *Notre-Dame de Paris*.

Deux estampes nous ont heureusement
conservé le souvenir de la Grand'Salle du
Palais. Nous allons pouvoir reconstituer,
avec leur aide, la topographie de cette salle,
qui passait en son temps pour une merveille
d'architecture.

La première est une grossière gravure sur
bois, faite de mémoire, insérée dans l'ouvrage
De artificiali Perspectivâ, de Jean Pelegrin
dit *Viator* (*Toul*, 1505, in-f⁰ goth. avec fig.
sur bois) : la forme ogivale des voûtes des
deux nefs et des fenêtres y est remplacée par
le plein-cintre, les statues des rois de France
n'y sont qu'esquissées de profil, mais on y voit
figurer, au premier plan, à gauche, la porte
dite « des petiz degrez » (1) (pour la distinguer sans doute de celle de Philippe-le-Bel
ou *des grands degrez*) qui communiquait
par un escalier avec la Cour du Mai, puis
plus loin, du même côté, les fenêtres qui
donnaient au midi sur cette Cour, et enfin,

(1) V. le f⁰ 28 (verso) du récit déjà cité de l'entrée
de Henri II à Paris en 1549.

à l'extrémité occidentale de la Grand'Salle, la célèbre table de marbre d'une largeur presqu'égale à celle des deux nefs, éclairée par deux fenêtres donnant sur la cour de la Conciergerie. Le spectateur tourne le dos à la chapelle Saint-Nicolas. Cette estampe est précieuse pour nous en ce qu'elle corrobore les assertions de Jean de Jandun, de Gilles Corrozet et d'Hardouin Chauveau au sujet de l'emplacement de la table de marbre.

La seconde est une estampe de J. Androuet du Cerceau, où la Grand'Salle est représentée (vers 1565) avec sa double nef en charpente, ses fenêtres ogivales ornées de vitraux et ses statues des rois de France adossées aux parois et aux piliers de soutien. Le point de vue diffère de celui de la gravure de Pelegrin : le spectateur est censé faire face à la chapelle St Nicolas. On y voit figurer, au premier plan, à gauche, une grande arcade en plein-cintre, représentant la porte ouverte en 1550 qui communiquait avec la Grand'Chambre ou Chambre dorée, et trois cheminées monumentales dont deux au nord et une au midi. La Grand'Salle est ici

3

animée de groupes nombreux de personnages en costumes du temps de Charles IX,
mais comme cette gravure est inachevée, on
n'y voit ni la chapelle S. Nicolas, ni la porte
des petits degrés, ni les boutiques de marchands adossées à quatre des sept piliers centraux, ni les bancs des procureurs. Il existe
deux *fac-simile* de cette dernière estampe :
l'un du célèbre aqua-fortiste moderne Charles
Méryon (1855), l'autre de M. Faure Dujar-
ric, architecte, insérée dans *Les plus excel-
lents bastiments de France*, de J. Androuet
Du Cerceau, édition H. Destailleur (*Paris,
A. Lévy*, 1870, gr. in f°). Nous mentionne-
rons encore trois copies : l'une dessinée par
Schmit et lithographiée par *G. Engelmann*
dans l'*Histoire et description pittoresque du
Palais-de-Justice*, etc., par B. Sauvan et J.-
P. Schmit (*Paris, Engelmann*, 1825-1828,
in-f° avec 17 pl. lithogr.) et deux autres
gravées sur bois, la première dans le *Maga-
sin Pittoresque* (année 1841, p. 229), et la
seconde dans la septième livraison (Le Palais
de Justice et le Pont-Neuf) de *Paris à tra-
vers les âges* (*Paris, Didot*, 1878, gr. in-f°),

splendide publication illustrée de dessins et de chromolithographies artistiques éditées sous la direction de M. F. Hoffbauer, architecte, qui a ressuscité le vieux Paris avec un talent si remarquable à l'aide de documents originaux puisés aux sources les plus authentiques.

II

L'INCENDIE DU PALAIS.

E mercredi 7 mars 1618 (1), vers deux heures du matin, éclata subitement dans la Grand'Salle du Palais un effroyable incendie qui l'anéantit en quelques heures; les boutiques de libraires, merciers, lingères, etc., qui y étaient installées et quelques bâtiments contigus, dépendances du Palais, devinrent aussi la proie des flammes.

---

(1) Grâce à un almanach de 1618 que nous avons consulté, où les noms des jours de la semaine sont remplacés par les sept premières lettres de l'alphabet, depuis *a* (lundi) jusqu'à *g* (dimanche), nous avons pu constater la parfaite concordance du jour (*c,* mercredi) et de la date (7 mars).

Tous les récits contemporains de ce sinistre
évènement portent la date du 7 mars. Etienne
Richer commence ainsi son article sur l'incendie du Palais dans le *Mercure François*
(t. V, année 1618, p. 18) : « Voyons l'incen-
» die de la grande Sale du Palais, aduenu le
» 7 Mars. » Raoul Boutray (p. 15 de l'*Histoire de l'incendie et embrazement dv Palais
de Paris*) signale « l'Arrest que la Cour don-
» na le lendemain de cet Incendie. » Or, cet
arrêt rendu *svr le diuertissement faict au
Palais pendant l'incendie y aduenu, des sacs,
procez, etc., qui y estoient*, se termine par la
mention : « Faict en Parlement le huictiesme
» Mars mil six cens dixhuict. » L'auteur
anonyme du *Récit au vray sur l'embrasement de la grand' Sale du Palais*, entre
ainsi en matière : « Le septiesme Mars mil
» six cens dixhuict. » Félibien est le premier
auteur qui ait indiqué (*Hist. de Paris*, t. II,
p. 1310), « la nuit du 5 au 6 Mars. » Il insère en outre, dans ses preuves (*ibid.*, t. V,
p. 56), l'arrêt suivant qui, si la date en est
exacte, semblerait lui donner raison : « Du
» Mardy VI Mars. Ce jour la cour, toutes les

» chambres assemblées, pour adviser sur l'in-
» cendie cette nuict arrivé au pallais, qui a
» embrasé et reduict en cendre la grande
» salle, premiere des enquestes, parquet des
» huissiers et autres commoditez ; après avoir
» ouy les gens du roy, la matiere mise en
» deliberation, A ARRESTÉ que presentement
» deux de messieurs les presidens et quatre
» conseillers se transporteront vers le roy,
» pour luy faire entendre l'accident survenu,
» sçavoir s'il aura agreable que la cour con-
» tinue l'exercice de la justice en ce lieu, et
» le supplier pourveoir au restablissement,
» et jusques à ce trouver bon que les advo-
» cats et procureurs ayent les galleries et
» salles de la chancellerie pour faire leurs
» charges. Etc. »

Les historiographes parisiens du temps ou
postérieurs à 1618 sont loin d'être d'accord
sur la cause de cet épouvantable désastre et
en sont réduits, faute de preuves, aux conjec-
tures les plus invraisemblables, aux hypo-
thèses les plus hasardées. Etienne Richer
s'exprime ainsi dans le *Mercure François*
de 1618 (t. V, p. 24) : « On a parlé diuerse-

» ment de la cause de cest incendie : Aucuns
» ont voulu dire qu'il procedoit de quelque
» chaufrette enfermee dans le banc d'vn
» marchand où on auoit laisse du feu allumé
» qui s'estoit pris au banc, et de là auroit
» gagné le reste. D'autres au contraire, que
» c'estoit la faute de la chambriere du Con-
» cierge, qui auoit incurieusement (1) en
» fermant la porte, laissé vn bout de flam-
» beau sur vn banc d'vn marchand, dont le
» feu s'estoit pris à vne corde qui l'auoit
» porté aussi tost aux haults estalages, faits
« de bois sec, de papier et de toile ciree, et
» de là auoit gaigné le toict.» Raoul Boutray
(p. 12 de *L'histoire de l'incendie et embra-*
zement dv Palais de Paris) assigne plusieurs
causes diverses à cette catastrophe : la foudre,
un oiseau incendiaire, la vengeance infer-
nale d'un plaideur qui avait perdu son
procès, une punition divine. On lit à la
p. 213 du *Trésor de l'histoire générale de*
nôtre temps, depuis 1610 jusqu'en 1623,

---

(1) *Incurieusement*, par négligence.

par Charles Loisel (*Paris, Boüillerot*, 1623,
in-8º) : « Plusieurs rechercherent la cause
» de cet incendie, les vns disoient que c'es-
» toit le feu du Ciel, les autres que quelques
» prisonniers auoyent jetté du feu artificiel
» pour se sauuer, de façon que iamais l'on
» ne peust sçauoir la cause au vray, sinon
» que l'on disoit que ce mal heur estoit ar-
» riué de quelque feu qui auoit prins en la
» boutique des Merciers ».

Un poëte satirique contemporain résume
son opinion dans ce quatrain burlesque :

> Certes, ce fut un triste jeu
> Quand à Paris dame Justice,
> Pour avoir mangé trop d'épice,
> Se mit tout le palais en feu.

Sauval (*Hist. de Paris*, t. II, p. 3) attri-
bue à tort ce quatrain à Théophile (Théophile Viau ou de Viau), poëte du temps. Il
est de Marc Ant. Gér. de Saint-Amant,
poëte, membre de l'Académie française, né à
Rouen en 1594, mort *ibid.* en 1660. (V. *Les
œuvres de Saint-Amand, Paris*, 1661, in-
8º, p. 192).

Le Maire (*Paris ancien et nouveau*, t. III,

p. 32) prétend que cet incendie eut lieu « par
» la faute d'une Servante, qui y avoit laissé
» un réchaud plein de feu. » Sauval (*Hist.
de Paris*, t. II, p. 3) dit à ce propos : « Les
» uns disent que le septième Mars après
» minuit, une étoile enflammée, large d'un
» pied, et haute d'une coudée, descendit du
» ciel, qui y mit le feu ; d'autres en accuse-
» rent les complices de la mort d'Henri IV
» qui prétendoient par ce moyen brûler le
» Greffe, et le procès de Ravaillac, qui les
» chargeoit, chacun en jugea à sa fantaisie. »
Il revient plus loin (*ibid.*, p. 543) sur le même
sujet : « Comme on ne sait pas comment
» le feu y prit, bien des gens le font venir
» du Ciel, et même quelques Savans, qui par
» une observation ridicule, ayant remarqué
» que lorsque le feu se mit à la Sale du
» Palais, il n'y avoit plus de place pour y
» mettre aucune figure de nos Rois, et que
» le même accident en pareille rencontre,
» étoit arrivé à quelques autres Sales, prirent
» l'incendie de la Sale du Palais pour un
» prodige et une fatalité inevitable. »

Il n'existe, à notre connaissance, aucune

représentation contemporaine (dessin, tableau ou estampe) de l'incendie du Palais en 1618. Mais nous avons, par bonheur, plusieurs récits du temps dont nous allons donner ici la bibliographie.

Le *Mercure François*, annuaire historique et anecdotique rédigé de 1605 à 1635 par J. et Est. Richer, libraires (*au Palais, sur le Perron royal*), et où étaient consignés tous les évènements de quelqu'importance survenus dans l'année, renferme (t. V, année 1618, p. 18 à 25) une relation très détaillée de l'embrasement de la Grand'Salle du Palais, reflétant toutes ses phases successives, qui a servi de base à la plupart de celles qu'on en a faites, depuis Félibien jusqu'à nos jours.

L'auteur, Etienne Richer, débute par le récit des divers épisodes qui suivirent la découverte de l'incendie : « Voyons l'incendie » de la grande Sale du Palais, aduenu le 7 » Mars. Sur les deux heures et demie apres » minuict, la sentinelle du Louure, du costé » de la Seine, apperçeut comme vn cercle » de feu sur le haut de la couuerture de la

» grãde sale du Palais. Peu après, des Chan-
» tres de la S. Chappelle qui ont leurs loge-
» ments du costé qui regarde S. Berthelemy,
» et quelques voisins, à vn cry qui se fit, au
» feu, au feu, apperceurent ce cercle qui
» s'agrandissoit peu à peu, et estoit de la
» grosseur d'vn tõneau, iustemét sur la
» pointe proche les Consultations, logis du
» Concierge. Le Guet qui garde d'ordinaire
» la grande porte de la court du Palais,
» s'estoit leué dès la minuict. On heurtoit
» aux portes de la grande sale, on crioit au
» feu par le dehors; mais le premier somme
» où estoit le Concierge et ses domestiques,
» fut la cause qu'ils n'en entendirent rien.

   » Apres vne demie heure de temps, quelques
» Chantres, et des Marchands qui estoient
» accourus au bruit et au cry du feu, s'adui-
» serent d'aller effondrer vne petite porte
» dans vne mõtee pres la S. Chapelle, par
» laquelle ils entrerent dans la petite sale, et
» de là par le costé de la Chambre des Aydes
» entrerent dans la grande, où ils veirent le
» feu seulement au haut du comble, et au
» dessous en quatre boutiques des Marchands

» du costé des Cṏsultations; et le Concierge
» auec ses domestique esueillez, lesquels
» commencoient à ouurir les portes.»

Les flammes firent en peu de temps de ra-
pides progrès : « Vn vent de Midy regnant,
» ce grand comble qui estoit d'vn bois sec
» et vernissé s'embraza en moins de demie
» heure : les soliues et cheurons commen-
» cerent à tomber en bas sur les boutiques
» des Marchands, sur les bancs des Procu-
» reurs, et sur la Chappelle faicte de bois (1)
» que l'on auoit vernissé de nouueau, et dãs
» laquelle il y auoit plus de cent cinquante
» liures de luminaire en vieilles torches et
» cierges ce qui embraza tellement tout ce
» quartier d'embas de la sale, que le Con-
» cierge n'eust loisir auec ses domestiques
» que de rentrer en sa maison, et soigner à
» se sauuer auec sa famille et ses biens par
» dessus son placitre (2), vis à vis de S. Bar-
» thelemy.

---

(1) La Chapelle Saint-Nicolas.

(2) *Placitre.* Nous avons vainement compulsé les

« Et quand aux marcháds accourus pour
» sauuer leurs biens, ce fut à eux à se retirer
» de peur d'estre blessez des pieces de bois
» bruslátes qui tomboient d'enhaut : et ainsi
» ils veirent leurs moyés consommer sans y
» pouuoir donner secours : Il y eut quelques
» marchandises sauues au quatriéme pilier,
» mais peu ; car sur les quatre heures, le
» comble vers les Consultations tomba, entre
» quatre et cinq heures le milieu, et sur les
» cinq le reste du costé de la Conciergerie. »

On dut songer à mettre en toute hâte en
lieu de sûreté les pièces les plus précieuses
pour les soustraire à une destruction immi-
nente : « Le Greffier Voisin (1) accouru au

---

lexiques et les glossaires les plus autorisés pour élu-
cider l'étymologie de ce mot. Pierre Larousse l'enre-
gistre dans son *Grand dictionnaire universel du
XIX° siècle* avec la signification de *vaste terrain
vague* qui ne peut en aucune façon s'appliquer au
récit du *Mercure françois*. C'est sans doute un mot
qui aura été altéré par une faute de typographie.

(1) C'est ce même Voisin qui signa le 8 mars 1618,
le lendemain de l'incendie, l'*Arrest de la Covr de
Parlement sur le diuertissement faict au Palais*, pen-

» premier bruit du feu, et estât entré par le
» costé du jardin du Roy dâs ses Greffes
» sauua ses registres, et ce qu'il y auoit : on
» sauua aussi ceux du parquet de Messieurs
» les Gens du Roy; et ceux du Greffe du
» Thresor.

» Cependant Mr. le Premier Président, et
» Mr. l'Aduocat General Seruin, logez dans
» l'enclos du Palais, ordonnoient tout ce qu'ils
» jugeoient propre pour empescher le progrez
» de ce feu. Mr. de Heriuaut, Colonel et Ca-
» pitaine du quartier, feit mettre en armes
» les bourgois des enuirons de peur d'vn
» desordre. Monsieur le Procureur General,
» Mr. le Lieutenant Ciuil, auec nombre de
» Commissaires, et Mr. le Preuost des Mar-
» chands, bien que logez vers le quartier du
» Temple, s'y rendirent incontinent.

» Le feu continuant, et porté dudit vent
» de Midy, se jetta sur les logis des Re-
» questes de l'Hostel, du Greffe du Thresor,

---

dant l'incendie y aduenu, des sacs, proceʒ, etc., quⁱ
y estoient.

» de la premiere Chãbre des Enquestes, et
» du parquet des Huissiers, tous du costé de
» la grand Chãbre doree, lesquels il em-
» braza et brusla en moins de demie heure :
» Voyant ces logis tous en feu par le hault,
» et sortir par les fenestres la flámbe de la
» grosseur d'vn tonneau, et de la longueur
» d'vne demie pique; il me souuint lors des
» tableaux que les peintres font de l'embra-
» zement de Rome : Et il se peut dire auec
» verité, que si le vent fust venu du costé du
» Septentrion, la petite sale des Merciers,
» sur laquelle est la Cour des Aydes, et la
» S. Chappelle courroient fortune.

» Sur les cinq heures et vn quart le feu se
» prit à vne tourelle pres la Conciergerie
» proche la galerie par où l'on va à la Chan-
» celerie, et en des Greffes et aux papiers qui
» y estoient, et depuis à la porte du Perron
» par où on entre de la grande sale en la
» petite des Merciers (1), mesmes il alloit

(1) La galerie des Merciers, dite aussi *petite salle*
par rapport à la *grand'salle*. Ce passage du récit nous

» aussi gaigner le comble de la Cour des
» Aydes : Ce fut alors qu'il s'esleua vne
» grande clameur pitoyable, de misericorde
» et secours, tát par les prisonniers qui se
» vouloiét sauuer de force (mais Mʳ le Pro-
» cureur Général en fit conduire les princi-
» paux par Defunctis Preuost de robe-courte
» aux autres prisons de la ville) (1), que par
» les marchands qui emportoient leurs mar-
» chandises, et iettoient leurs eschopes et
» bancs du haut en bas des degrez pour oster
» matiere au feu. »

Etienne Richer dépeint ensuite la violence
du feu, au plus fort de l'incendie : « Le vent
» deuint si violent, qu'il porta des ardoises
» par dessus la Seine au quartier S. Eus-
» tache. Et ie veis vn petit brandon enflam-

---

donne le nom de la porte de communication entre
ces deux salles : sa dénomination *(du Perron)* pro-
venait de ce qu'elle était précédée d'un certain nombre de degrés. C'est là qu'était située la boutique du
libraire Etienne Richer, rédacteur et éditeur du
Mercure François en 1618.

(1) Aux prisons du Châtelet et du For-l'Evêque.

» mé (lors que le reste du comble de la
» grande sale tomba) lequel porté d'vn grand
» vent, alla mettre le feu au haut de la Tour
» de la grosse horloge, à vn nid d'oïseau qui
» estoit au-dessous de la pomme, lequel pe-
» tit à petit s'embraza tellement que si en
» gráde diligéce la tour n'eust esté descou-
» uerte pour coupper chemin à ce feu, l'hor-
» loge estoit en danger de fondre. »

L'auteur énumère enfin les divers moyens
employés pour combattre les flammes, faire
la part du feu et achever l'extinction des
restes de l'incendie : « Cependant les cou-
» ureurs, les charpentiers et plusieurs autres
» persónes montées sur le toict de la Cour
» des Aydes, découuroient en diligence le
» costé vers la grande sale, scians les soliues
» et cheurons, et renuersans de dessus les
» gros murs dans ladite grande sale, les
» bouts flambáts des grosses poultres trauer-
» sieres, pour coupper le chemin au feu. Ce
» fut lors qu'on commença à recognoistre
» que de ce costé là il ne passeroit pas plus
» outre. Et ceux qui estoient vers la grád
» Chambre doree, ayant de dessus les gros

» murs renuersé aussi les bouts des poultres
» flambás en ladite grande sale, muré des
» portes, et empesché le feu du parquet des
» Huissiers de passer plus outre, on eut es-
» perance de sauuer aussi ceste Chambre, où
» les oracles de la Iustice se rendent si sainc-
» tement, et auec elle tout le reste de ce
» costé là.

» Pour esteindre le feu on commença alors
» de crier à l'eau, des seaux, du fian (1) et
'» du foin. Mʳ de Bouuille Preuost des Mar-
» chands (2), qui s'estoit rendu en la court
» du Palais à cheual, bien monté pour se-
» courir et commander, et non pour regar-
» der, n'oublia rien à diligenter de faire
» trouuer des seaux et de l'eau : Il fit com-
» mandement à tous ceux du pont nostre
» Dame de tirer en diligéce auec des seaux
» de l'eau de la Seine, et la jetter dans le

(1) *Fian,* boue, fumier.
(2) Antoine Bouchel, seigneur de Bouville, Conseiller du roi au Parlement, avait été élu Prévôt des
Marchands le 16 août 1616.

» ruisseau ; et à ceux de la ruë de la Vieille
» draperie, et des autres ruës qui y aboutis-
» sent, lesquels auoiët des puits en leurs
» maisons, d'en faire de mesme ; tellement
» qu'ayât fait mettre du fian aux endroits par
» où l'eau se fust peu détourner, il se vit vn
» grâd canal d'eau, qui coulât iusqu'aux
» pied des degrez de la court du Palais, y fit
» vne forme d'estang : De là on portoit à
» force de seaux de l'eau de tous costez en la
» grand'sale : Ceux qui estoient sur les gros
» murs en ietterêt en telle abôdance qu'ils
» esteignirent le feu le long des murailles :
» Et puis auec quantité de foin et fian, on
» estoufa petit à petit celuy qui estoit au mi-
» lieu côtre les piliers, qui furent par la vio-
» lence du feu, tous gastez ; la table de mar-
» bre réduite en petits morceaux et les sta-
» tuës des Roys nichees contre les parois, et
» piliers toutes deffigurees et perduës.
  » De peur que quelque accident nouueau
» n'arriuast aux voultes de dessous ceste
» grande sale, si on laissoit croupir ces ma-
» tieres bruslees et eschauffees, pour la grande
» quantité de buchers pleins de bois qu'il y

» a, Monsieur le Lieutenant Ciuil prit la
» charge de faire vuider et oster ces matieres,
» ce qu'il fit faire si promptemĕt que le len-
» demain elle en fut vuide, mais encore tel-
» lement eschauffee, que les pauez de marbre
» et de liais dont elle estoit pauee, rendoient
» vn ardeur si grande qu'on n'y pouuoit
» durer. »

*Rodolphi Bothereii in magno Franciæ
concilio advocati de incendio Palatij Lute-
tiani Epistola ad Wolfangum Rangonium
civem Augustæ-vindelicorum. Parisiis. Ex
typographia Petri Chevalier*, 1618. Pet.
in-8° de 14 p.

Cette lettre écrite en latin par Raoul Boutray (1) à un de ses amis d'Augsbourg en Allemagne est datée : « 11 Martij 1618 Lutetiæ

---

(1) Raoul Boutray ou Bouthrays, né vers 1552 à
Châteaudun (Orléanais), mort vers 1630, poëte et historien, avocat au grand Conseil, passait de son temps
pour un latiniste fort distingué. Il nous a laissé,
entr'autres ouvrages remarquables, un poëme latin
sur Paris, *Lutetia (Paris, Rolin Thierry*, 1611. In-8°
de 144 p.).

Parisiorum ex Musæo nostro » (*11 Mars 1618, Paris, de notre Bibliothèque*). Elle est suivie d'une pièce de soixante vers latins sur l'incendie du Palais.

L'Histoire de l'Incendie et embrazement dv Palais de Paris, traduit du Latin de Monsieur Boutray, Aduocat au grand Conseil. A Paris, Chez Abraham Saugrain, 1618. Pet. in-8° de 15 p.

Ce récit qui n'est que la traduction française de la lettre latine précédente est, avec l'article du *Mercure François*, l'une des narrations les plus détaillées qui nous restent de l'incendie du Palais en 1618. Le traducteur a omis à dessein, au commencement et à la fin, quelques lignes du texte latin, suppression qui n'a aucune importance, les passages retranchés n'ayant aucun rapport avec l'histoire de l'incendie. Nous réimprimons à part avec quelques annotations, d'après l'exemplaire de la bibliothèque de l'Hôtel de Carnavalet (n° 11,889), cette déposition écrite d'un témoin oculaire. Dans cette reproduction, nous avons facsimilisé le titre, et si nous n'avons pas jugé utile de réimprimer le texte original ligne pour ligne, nous en avons respecté scrupuleusement l'orthographe, la ponctuation et les signes abréviatifs.

Récit du sujet et cause de l'embrasement de la grãd Sale du Palais à Paris. A Lyon, pour Iean Celerier, 1618. Pet. in-8° de 22 pages.

Cet opuscule qui ne diffère du précédent que par le titre, le nombre de pages, quelques variantes et deux lacunes que nous signalons dans notre réimpression, est beaucoup plus rare que l'édition de Paris et a été évidemment publié pour lui faire concurrence.

Accident merveilleux et espouvantable du desastre arrivé le 7e jour de mars de ceste presente année 1618 d'vn feu inremediable, lequel a bruslé et consommé tout le Palais de Paris; ensemble la perte et la ruyne de plusieurs marchands, lesquels ont esté ruynez et touts leurs biens perdus. A Paris,

chez la Vefve Iean du Carroy, 1618. Pet.
in-8o de 8 ff.

Cette plaquette sans nom d'auteur, impri-
mée en gros caractères, et qui ne contient
que fort peu de détails, a été réimprimée
avec notes par M. Edouard Fournier au t. II
des *Variétés historiques et littéraires* (*Paris, P. Jannet*, 1855. Pet. in-8º).

*Recit au vray sur l'embrasement de la
grand'Sale du Palais à Paris. Arriué le 7
Mars 1618. A Paris. Chez Iean Laqvehay,
au mont S. Hilaire a la Court d'Albret.*
1618. Pet. in-8o de 5 p. impr. en gr. caract.

Ce récit anonyme, rare et fort court, n'a,
croyons-nous, jamais été réédité; aussi avons-
nous jugé à propos de le reproduire ici en
entier, d'après l'exemplaire de la Bibliothèque
nationale (*Catal. de l'Histoire de France*,
t. VIII, nº 7272).

« Le septiesme Mars mil six cens dixhuict,
» entre deux et trois heures du matin, le feu
» a embrasé toute la grand'Sale du Palais,
» sans qu'on y ayt peu apporter aucun se-
» cours; Toutes les marchandises qui es-

» toyent en laditte grand'Sale ont esté brus-
» lees : Le feu s'augmentant sur les cinq
» heures a aussi bruslé le Bailliage; les Re-
» questes de l'Hostel : la Chambre du Thre-
» sor : le Parquet des Gens du Roy : des
» Eaux et Forests. Au Parquet des Huissiers
» dessus et dessoubs, tous les procez qui y
» estoient ont seruy d'allumettes au feu. La
» grand Chambre et les Greffes ont esté
» sauuez. La troiziesme, quatriesme et cin-
» quiesme chambre des Enquestes, Chambre
» de l'Edict et Tournelle, et Cour des Aydes
» n'ont souffert la flamme, comme la pre-
» miere chambre desdittes Enquestes : La
» seconde a esté bruslee pour empescher que
» le feu ne gagnast plus auant, qui desia
» commenceoit à l'horloge, si l'on n'y eust
» apporté prompt secours. La galerie des
» Merciers, et celle des Prisonniers ont esté
» par mesme moyen guaranties. Quelques
» prisonniers se sont sauuez de la Cócierge-
» rie, quelques autres ont esté conduits au
» Four l'Euesque et Chastelet. Personne ny
» a, la Dieu graces, esté tué, mais le mal ne
» laisse d'estre grand, et la ruïne en est du

» tout lamentable. Lon croit cet accident
» estre arriué par quelque mercier, qui par
» mesgarde, se retirant ayt laissé dans quel-
» que terrine du charbon qui n'ayt esté es-
» teint. Dieu nous preserue tous d'un tel ac-
» cident par sa saincte bonté, et nous tienne
» en sa garde. »

Le Maire, au t. III, p. 32, de *Paris ancien
et nouveau, (Paris, Nicolas Le Clerc, 1698,*
3 vol. in-8°), après avoir décrit en peu de
mots l'incendie du Palais en 1618, donne sur
ses suites ce curieux renseignement qu'on ne
rencontre dans aucun auteur contemporain :
» le grand Cerf de bronze fut réduit en cen-
» dre ;... le Crocodile..., qui avoit esté con-
» servé dans cette Salle, avec une inscription,
» fut aussi embrazé. »
Le *grand cerf* était en bois dans l'origine.
Gilles Corrozet dit à ce sujet *(Antiqvités de
Paris,* édit. 1586, fol. 134) : « En ce temps
» (1391), les Gouuerneurs des finances du
» Roy, pour espagner ses deniers, deliberent
» de faire vn Cerf d'or massif, et pour patron,
» fut fait celuy de bois qui est en la salle du

5

» Palais entre deux pilliers, et deslors fut
» commencé la teste et le col seulement, faits
» de fin or. » Voici ce que Raoul Boutray
dit de ce cerf dans son poëme *Lutetia* (*Paris*,
1611, in-8°), p. 35 :

Cortice inaurato simulachrum, Ceruus inane est
Alterius, solido ex auro quod iusserat olim
Rex statui, non posse ratus meliore reponi
In loculo, aurum et opes Regni, ut fraudaret auaras
Quæstorum ille manus, et fisco semper hiantes
Vulturios, miseræ qui sanguine plebis aluntur,
Qui nos irrident, ut parua lucella sequentes,
Manè forum ingressos, redeuntes œre pusillo.

Traduct. littérale : *Là est un cerf en bronze
doré, vaine représentation d'un autre que
le roi (Charles VI) avait fait faire jadis en
or massif, persuadé qu'il ne pouvait être mis
dans un meilleur endroit, représentant l'or
et les richesses du Royaume, pour frustrer
les mains avides des magistrats, vautours
qui convoitent toujours le fisc, qui s'engrais-
sent du sang du pauvre peuple, qui se moquent
de nous, comme recherchant de légers pro-
fits, quand nous nous rendons dès le matin à
la place publique, pour en revenir avec un
gain minime.* Cette effigie qui, selon l'auteur,

— 51 —

faisait allusion à la cupidité de la magistra-
ture à cette époque, était un fonds de réserve
destiné à faire face à toutes les éventualités.
La meilleure preuve en est qu'en 1618, à
l'époque de l'incendie du Palais, il y avait
déjà fort longtemps qu'elle avait été fondue
pour subvenir aux besoins du trésor public,
puis remplacée par celle en bronze doré dont
parlent Raoul Boutray et Le Maire. Où était-
elle placée? Très probablement entre deux
piliers de la Grand'Salle, comme celle en
bois. Sauval dit bien (t. II, p. 347) que ce
cerf fut « élevé à un endroit de cette Salle,
» jusqu'où les Députés du Parlement alloient
» au-devant des Princes, » mais ce renseignement est fort vague et ne peut être pour
nous une indication précise.

Quant au *crocodile*, il existe deux légendes
sur ce trophée bizarre. Dans la première, la
plus ancienne, il ne s'agit pas de la dépouille
d'un crocodile, mais de la peau d'un serpent.
Antoine Astesan, poëte latin du XVe siècle,
dit dans son *Eloge descriptif de la ville de
Paris*, en 1451, à l'article « Palacium »
(*Palais*) :

Illic sunt etıam monimenta insignia palmæ
Quam tulit ex victo Gothofredus fortior angue.

Ce qu'on peut traduire ainsi : *On y voit encore un glorieux souvenir de la victoire que le vaillant Godefroy (de Bouillon) remporta sur un serpent.* Dans la seconde légende que reproduit Le Maire au t. III, p. 3o, de son *Paris ancien et nouveau*, « lors que
» l'on creusa les fondemens de la grande
» Salle, on trouva dans un Egout, qui estoit
» au mesme endroit, plein d'immondices et
» qui se déchargeoit dans la Seine, un Cro-
» codile d'une longueur prodigieuse, qui fut
» tué par un Prisonnier criminel, qui pour
» cette action eut sa grace. » Quel que soit le trophée en question, Astesan nous renseigne (*ibid.*) sur son mode de suspension, sans désigner son emplacement d'une manière positive :

Cujus pellis adhuc muro est affixa palatî.

Traduct. littérale : *Dont la peau est encore attachée à la muraille du palais.* Il résulte de ce passage qu'au lieu d'être suspendue à la voûte d'une des deux nefs, cette dépouille était attachée contre une des parois de la Grand'Salle. Quant à l'inscription dont parle Le Maire, elle devait se rapporter soit au mémorable exploit de Godefroy (de Bouillon), soit au dévouement héroïque du prisonnier criminel, qu'il s'agisse d'un serpent ou d'un crocodile.

Nous signalerons enfin, pour clore cette notice bibliographique sur l'incendie du Palais en 1618, un article de M. Paul Lacroix (Bibliophile Jacob) intitulé *Recherches sur le vieux Paris,* et inséré dans *L'Artiste* (année 1836, p. 296), où se trouve un récit abrégé de cet incendie extrait de l'article du *Mercure François* d'Etienne Richer et de la relation de Raoul Boutray.

HIPP. BONNARDOT.

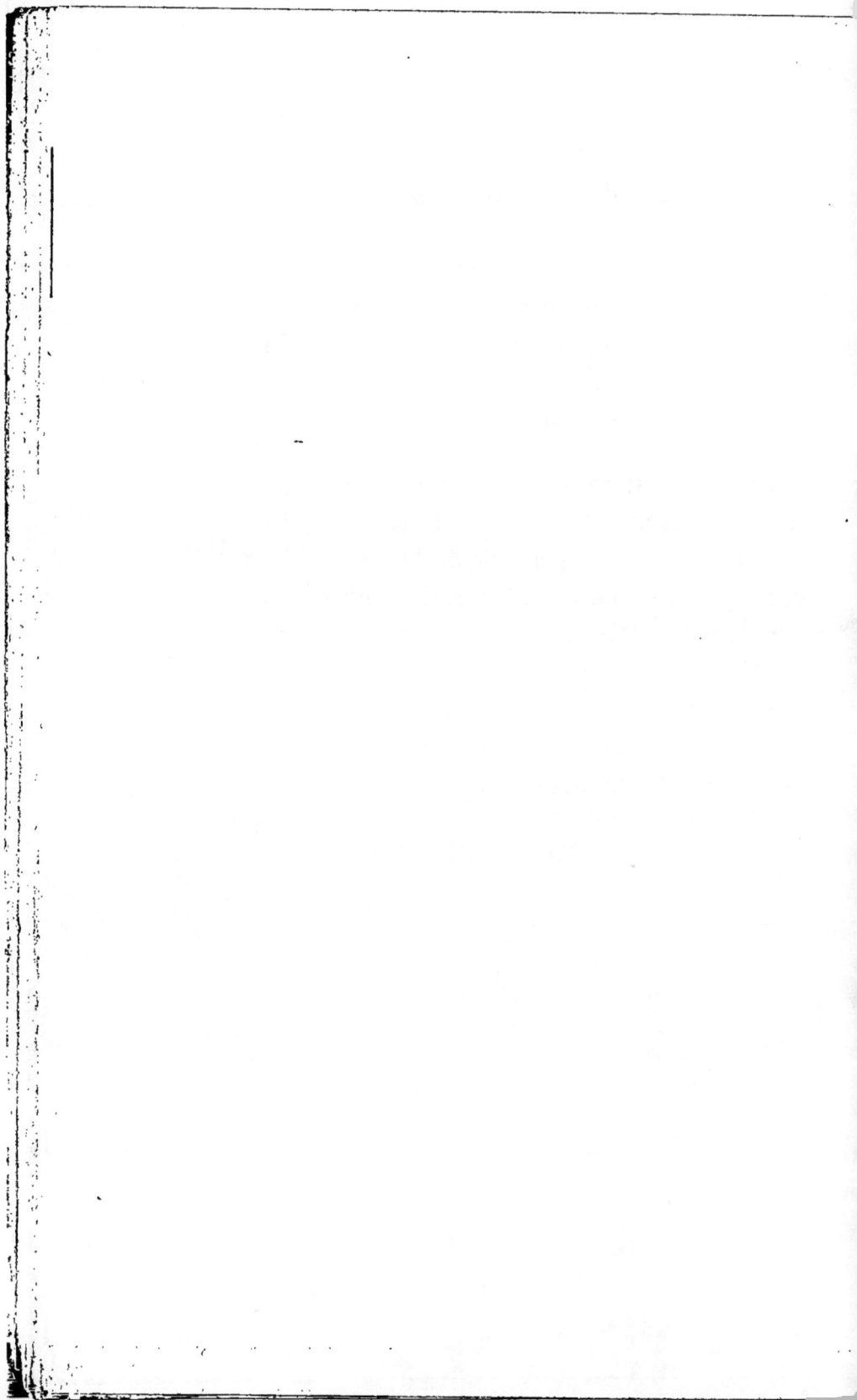

L'HISTOIRE DE

L'INCENDIE

ET EMBRAZE-

MENT DV PALAIS

DE PARIS,

*Traduit du Latin de Monsieur
Boutray Aduocat au grand
Conseil.*

A PARIS,

Chez Abraham Saugrain, ruëS. Iacques au deſſus de S. Benoiſt,
aux trois Saucieres.

M.DC.XVIII.

L'EMBRAZEMENT

de la grande Sale du Palais de Paris.

*Tiré du Troisiesme Tome des Annales de Monsieur Boutraye
non encor' imprimé.*

———

J'Ay bien voulu en ce lieu inserer l'incendie effroyable, et deplorable de la grande Sale du Parlement, et des bastimens contigus, lequel ie pretens deduire ainsi que le cas est aduenu, et comme ie l'ay veu. [1] Le vingt cinquiesme de Mars apres minuict, trois heures auant qu'on recognut c'est accident. [2] Le

---

[1] *Comme ie l'ay veu.* Variante de l'édition de Lyon : *comme il est arriué.*

[2] « Le vingt cinquiesme de Mars » est mis ici, par suite d'une erreur inexplicable, au lieu de « Le septiesme de Mars » qui est dans l'édition de Lyon. Une omission de l'imprimeur ou du traducteur (reproduite dans l'édition précitée) rend cette phrase incompréhensible. Le texte latin (p. 3) porte : « 7 Martij, post mediam « noctem, tribus horis prius quàm illa in « lucem abiret, casu huc vsque inco- « gnito. » Traduction littérale : *Le 7 Mars, après minuit, trois heures avant le lever du jour, par suite d'un accident jusqu'ici inconnu.*

feu ainsi qu'il est vraysemblable, s'es-
tāt pris de longue main à la Sale,
commençant a paroistre, et à s'éva-
porer, fut apperceu par vn soldat de
ceux qui ordinairement sont destinez
pour la garde de l'enclos de ce Palais
Royal. (1) Ce garde a peine eut-il crié
au feu (desja alimente par les bancs ;
par les Aix et par les Boutiques des
Merciers qui n'estoient que de bois et
acreu de forces matieres seches qui
luy renforçoient la vigueur) que voila

---

(1) Dans le récit du *Mercure François*
c'est une sentinelle du Louvre qui décou-
vre l'incendie.

qu'il s'eslance de toutes parts par dehors ; dōt les voisins s'appercéuans,
s'elleuent en sursaut, et y accourent
fort promptement : cōme firent aussi
Deffunctis Preuost de la Cour et le
Preuost de l'Isle, tous deux accompa-
gnez de leurs Archers, le feu ainsi
pris la cloche qui a de coustume en
tels accidents de sonner du haut de
la Tour où elle est posée destinée
pour sonner les heures, ne dit mot,
attendu que la flamme l'auoit tellement enuironnée, qu'il n'estoit possible de l'aborder sans danger. Et le
feu repart iusques au faiste de la
Tour, fondit le plomb qui la couuroit,
mais sans auoir endommagé la ma-

chine qui comprend l'horloge, [1] soit

---

[1] Cette horloge qui a donné son nom à la tour fut la première horloge publique que l'on vit à Paris. Elle avait été construite en 1370 par Henri de Vic, habile mécanicien que Charles V avait fait venir tout exprès d'Allemagne. Ce chef-d'œuvre achevé, le roi lui décerna le titre d'*Horlogeur du Palais* avec jouissance, sa vie durant, d'un logement dans la tour et d'un traitement de six deniers parisis par jour, à charge par lui d'entretenir cette horloge, qui passait, à cette époque, pour une invention merveilleuse. Le cadran tourné vers l'orient, était décoré de deux figures dues au ciseau de Germain Pilon, symbolisant la Force et la Justice, auxquelles on adjoignit, sous Henri III (1585), les armes de France et de Pologne. Deux autres statues allégoriques représentaient, de chaque côté du cadran, la Loi et la Justice.

6

que le feu ne trouuast matiere de quoy
agir ou à cause que le secours d'eau
qu'on y diligenta l'esteignit soudain.
Mais d'ailleurs la flamme se renfor-
çant, fut à cause de la grande quantité de bois sec, ou du vent qui tiroit
qui la portoit, elle brusla tout à fait
cette grāde et spacieuse Sale admirable certes en sa structure de si grande
masse de pierre, de ses hauts et plan-
tureux lambris. Elle embrasa par mesme moyen, à sçauoir à la main droicte
les Chambres du Thresor et la premiere des Enquestes; à la gauche celle
des Requestes de l'Hostel. Ce grand
feu ainsi allumé couroit asprement
contre la Chambre dorée, la plus

grande et la plus belle de tout le Palais,[1] et auoit desjà tout à fait bruslé la couuerture du Parquet des Huissiers; hauy et rauy [2] la porte, estoit presque entré en ce Sacré sanctuaire de iustice : Mais par le renfort et redoublemēt d'vne grande quantité

---

(1) La Grand'chambre ou Chambre dorée, dite dans l'origine *de Saint-Louis*, était ainsi nommée à cause du plafond en chêne orné d'ogives entrelacées et de culs-de-lampe historiés et décoré de brillantes dorures qu'y avait fait faire Louis XII en 1506, sur les dessins du moine italien Fra Giovanni Giocondo. C'est dans cette salle que siégeait le Parlement et que les rois de France tenaient leurs Lits de Justice.

(2) *Hauy*, brûlée, de l'ancien verbe *havir* (du lat. *adurere*) ; *rauy*, enlevée, détruite.

d'eau, Dieu de son œil de pitié, ne
voulut permettre que n'y le feu, ny
pas mesme la fumee gastassent ou
offençassent en aucune façon ce Sa-
craire, où les Oracles de la iustice se
rendent si sainctemēt et si dignement,
ains les flāmes se retirans et esquiuās
ailleurs, se ietterēt ez lieux de moin-
dre dōmage : pour la force et fureur
desquelles esteindre, attendu que les
seaux, ny les cruches, ny les chaude-
rons qu'on apportoit pleins d'eau de
la Seyne voisine [1], ne suffisoient
pour esteindre vn si gros amas de

---

[1] Il n'y avait pas encore de pompes à
incendie à cette époque. Leur institution

feu, on s'aduisa fort à propos de faire vn canal au milieu de la ruë, bordé des deux costez de fiē [1] bien espays, qui conduisoit l'eau iusques dās la basse Cour du Palais, qui tout aussi tost fit presque vn lac d'eau, duquel

---

fut résolue en principe par une ordonnance du 12 octobre 1699. Les premières ne furent fabriquées qu'en 1705 par Dumourier Duperrier : elles furent employées cette même année pour combattre l'incendie de l'église du Petit-Saint-Antoine. Une ordonnance du 17 avril 1722 éleva à trente le nombre des pompes qui était primitivement de treize et fixa à soixante hommes le corps des *gardes des pompes* (*Traité de la Police*, de De La Mare, t. IV, liv. VI, tit. V, *Des incendies*).

(1) *Fié*, boue, fumier.

on amortissoit le feu, comme si c'eust esté quelque grosse pluye. Nonobstant, le feu ne laissoit de monter et ravager plus fort, à la façon des forges de fer, lesquelles quand on arrose tant soit peu, plus les charbons s'allument. En fin ceste grande fureur de feu reprimée par telle force et quantité d'eau sur les huict heures du matin petit à petit s'euanouyt, et se reduisit à la cendre. De maniere que les demeurans et restes des soliues et cheurons bruslez, des plastras des esclats des bancs, des tas et morceaux des loges des toillieres [1], des librai-

---

(1) *Toillieres,* lingères.

res, encores toutes flambantes et fu-
mantes, paillemellées [1] et eparces,
bref tout ce qui se trouua dans les
boutiques des Merciers qui estoient
ès enuirons des pilliers fut entiere-
ment embrasé, bruslé et consommé [2]. Qui plus est ces grands pilliers qui estoient bastis de pierre si

---

(1) *Paillemellées*, mêlées de paille.
(2) « Les marchands qui y étaloient (dit
» Sauval, *Hist. de Paris*, t. II, p. 3), n'eu-
» rent pas trop sujet d'en rire, car ils per-
» dirent pour près de trois çens mille francs
» de marchandise, et cela est si vrai que le
» compte qui en fut fait au juste, montoit
» à deux cens quatre-vingt-dix-neuf mille
» quatre cens cinquante et une livres. »

tres-dures furent tellement rongez de
l'aspreté de ce feu qu'ils sont demeu-
rez brisez en menus morceaux en
façō d'escailles et ne plus ne moins
que de la chaux moüillee. Cette longue et espesse Table de Marbre noir
fort luysant auecque les pieds de-
mesme [1], sur laquelle quelquesfois .

---

[1] Raoul Boutray est le seul auteur qui
ait parlé de la couleur de la table de marbre et qui ait signalé ses pieds. Il existe encore de nos jours une *table de marbre* au
Palais-de-Justice de Rouen, à l'extrémité
septentrionale de la grande salle des *Pas-
Perdus*. Elle est en marbre noir et de forme
oblongue, comme celle du Palais de Paris,
et se compose de deux plaques de marbre
de 14 centimètres d'épaisseur juxtaposées

les Roys, les Empereurs, et autres
grands Princes souloient [1] festiner
aux nopces de nos Roys, et autres
triomphes et magnificences a esté to-
talemēt brisee en pieces, et dont on
s'estonnera, est qu'elle à esté presque
reduite en cendres, et que ie ne pouuois croire quand on me le disoit, si
moy-mesme, ie ne l'eusse veu et

---

et ayant ensemble 5ᵐo8ᶜ de longueur sur
1ᵐ45 de large. Quatre faisceaux de colon-
nettes en fonte, d'origine toute moderne,
lui servent de supports. Elle est entièrement
isolée et occupe le centre d'une sorte d'estrade à laquelle on accède par deux marches de pierre. (Renseignements dûs à M. Alfred Baudry, de Rouen).

(1) *Souloient*, avaient coutume.

touché, mais auec regret [1]. Auant la
Diane, ès villages d'alentour parois-
soit vne lueur comme si c'eust esté
le plein iour, qui faisoit dire aux vil-
lageois qui portent ordinairement
leurs denrées à vendre à la ville, que
le Soleil s'estoit leué deux heures
plustost que de coustume : mais sor-
tis qu'ils furent de leurs cases, ils
aperceurent aussi tost vn grand embrasement, croyans que ce fut toute
la ville et non le Palais seul qui bruslat. Que s'il fut arriué en plein mi-

---

(1) « *Et que ie ne pouuois... mais avec regret.* » Tout ce passage a été supprimé dans
l'édition de Lyon.

nuict, il eut fait vn bien plus grand
degat; car on n'y eut peu remedier si
promptement n'y si à propos comme
on fit, estant suruenu enuiron deux
heures auant l'Aube du iour, qui est
le temps que les manouuriers sont
desia à leurs boutiques et partant
plus prompts au secours, et par consequent fut plus aisé à y donner
l'ordre que vous auez entendu cy
dessus [1]. L'Eglise Royalle, que nous
appellons (à cause de la vraye Croix
de N. Seigneur, et autres reliques qui

---

[1] « *Qui est le temps... que vous auez entendu cy dessus.* » Ce passage est omis dans
l'édit. de Lyon.

y sont) la saincte Chappelle, ouurage
certes de structure admirable, et tout
ce qui est basti de contre, comme au
dessous les boutiques des merciers,
à double rang, et au dessus la Cour
des Aydes : comme aussi la Gallerie
des prisonniers, et celle partie qui regarde la Chancellerie, la gallerie des
peintures par où l'on va à l'Edict, et
à la chambre sainct Louys, et gene-
rallement tous les bastimens contigus
et attenans, et les autres des enuirons
(non sans l'assistance de ce grād
DIEV, DIEV tutelaire de ce grand Palais) tous ces lieux dis-je n'ont esté
aucunement attains n'y endommagez,
encor que les grosses flammes, les

poutres et cheurons à demy bruslez
volassent au dessus, et tout a l'en-
tour, et que sans cesse les charbons
ardēts y tumbassent fort espais. De
la sortit vne grāde frayeur au Geollier
et Guichettiers qui ont la garde ordinaire des prisonniers, à cause que les
flaméches de feu plouuoient à toute
outrance dans la Conciergerie, que
l'incendie sembloit les presser, d'ont
soudain aucuns desdits prisonniers
conspirerent de leur sauuer : s'estans
assemblez et arrachee les clefs des
Guichettiers, sous pretexte d'euiter le
feu qui les menassoit, alleguans que
la prison estoit destinee pour les
garder, et non pour les brusler, quel-

7

ques-vns aprehendans le feu s'euade-
rent, mais rencontrez par ledit De-
funtis et de ses archers furent con-
trains de rebrousser, de sorte que le
feu ne les sauua non plus qu'il ne les
perdit pas aussi. Le l'endemain de
l'Embrasement et apres les vingt
quatres heures passées, ie fus voir
c'est accident, et regarday à regret,
voire presque en colere cette defor-
mité, ie vis le paué marqueté [1] encor
bouillant qu'on n'osoit toucher ny
marcher dessus à pied nud qu'il ne
bruslat. Plus ie voyois, mais outre,

---

(1) *Marqueté*, de plusieurs couleurs (de
marbre blanc et noir).

ces belles et hautes statuës des Roys affichez aux paroys selon l'ordre qu'ils auoient regnè, toutes mutilees, et tronquees : nul n'eut peu demeurer en ce lieu seulement vne petite heure pendant qu'on portoit dehors les immondices de feu, qui n'eut esté presque empoisonné de ceste puante suye, et m'y estant arresté tāt soit peu i'euz mes nasseaux tous infectez de cette cendre. Ie ne fay nulle doubte qu'il n'y ait eu a force de procez, et grande quantité de papiers de consequence bruslez, dont la perte sera par cy apres inestimable, et regretable voire de ceux qui auoient bonne cause. Au contraire les chicaneurs ri-

ront sous chappe [1] de voir en cendres leurs finesses, leurs faucetez,
leurs chicaneries et leurs trōperies,
dont y à danger, qu'à l'aduenir n'en
nayssent de grandes rixes, et de grosses querelles attendu qu'vn alleguera
ses debtes, ses cedulles [2], et ses ac-
quits : l'autre autres telles affaires
perdues et calōniées [3] par le feu : si
a droit ou à tort, si faucement ou
vrayement, si par meschanceté ou

---

(1) *Sous chappe,* par moquerie.

(2) *Cedulles,* lettres de change, promesses
et reconnaissances sous seing-privé.

(3) *Calōniées,* abîmées, détruites.

autrement, ie m'en raporte à ce que s'en sera. Combien yen aura-il qui prendront l'excuse que pris iadis Ciceron pour Archias ? *Vous demandez* (disoit-il) *tels instrumens publics des Heracliens, ne sçauons nous pas tous qu'ils furent bruslez et l'hoste quant et quand* [1] *à la guerre d'Italie ?* De fait en vain redemandera-on l'ayde de la iustice, puis que les Registres des Notaires ont esté bruslez. Et ne seruira de rien le remede ny l'emplastre de Cassiodore [2] quand il dit. *La charge d'office*

---

(1) *Quant et quand,* en même temps.
(2) Aurélien Cassiodore, historien latin, né à Squillace (Calabre), en 470, mort en

et le deuoir des Notaires et des Greffiers, est la seureté et repos d'vn chacun : attendu que la iustice et le Droict de tous est conseruè à leur diligence, et au soing qu'ils doiuent auoir. Aucuns sont perdus par incendies, autres sont approuuez par larcins, vn autre perd par sa negligēce, ce qu'vn diligent et bien aduisé acquiert soigneusement, Mais à tant, ce qui s'acquiert par les particuliers est reparé et restitué par la foy publique. A dire vray les maisons peuuent estre refaites, les paroits et les murailles se peuuent reedifier, les effigies et les statues se peuuent re-

---

562, auteur de l'*Histoire tripartite*, de *Traités de philosophie et de religion*, etc.

nouueller, voir auec meilleure et plus belle forme (et comme disoit Timogenes,[1] de l'embrassement de Rome) elles peuuent estre mieux embelies que celles qui ont bruslé : Mais les instrumens, les Contracts, les Minutes, les Actes et tels papiers viciez, gastez et du tout consommez par le feu, nullement ; et telle perte est hors de la puissance des hommes de la pouuoir reparer. Car qui est celuy qui puisse faire de la cendre du par-

---

(1) Timagènes, historien grec, né à Alexandrie, auteur d'une *Histoire des Gaules* et d'une *Histoire des rois* dont il ne reste que quelques fragments.

chemin ? il n'en est pas comme de la cendre de fougere de laquelle on fait des verres. Car rien de public, rien de particulier n'est immortel entre les hommes, qui est celuy ie vous prie qui ne sçait la force et la violence du feu lequel sautāt d'vne petite bluete [1] ēbrase les villes toutes entieres ? ainsi brusla Lyō du tēps de Neron, jadis Colone des Romains, bastie par Numatius Planeus [2], laquelle fut consommee par le feu en une seule nuict. Cette ville (dit Se-

---

(1) *Bluete,* étincelle.
(2) *Planeus,* lisez : *Plancus* (édition de Lyon).

neque) brusla au milieu de sa ri-
chesse, l'ornement des Prouinces,
ensemble tant de beaux Edifices, vn
seul desquels eust suffi pour embelir
chaque autre ville. Ville en vne seule
nuict fonduë, et qui le croira ? Lyon
qu'on exaltoit par tout, en la Perce,
en la Gaule vne seule nuict la fit
meconoistre d'entrevne grande ville,
et d'vne ville qui n'est point du tout.
Ainsi est il de cette grande sale, en
laquelle on voioit d'ordinaire plus de
cinquante mille personnes qui aloient
qui venoient, bruyoient, qui dispu-
toient, qui s'amonceloient, qui s'ac-
costoient, qui se pressoient, non vne
seule nuict, ains vne bien petite par-

tie de nuict monstra la difference
d'entre vne grande Sale, et vne Sale
qui n'est plus. Perte legere toutes-
fois, si vous considerez qu'elle n'est
suruenue de cent ans apres la fonda-
tion, comme la ville de Lyon, ains
apres trois cens cinquante ans [1], et

---

[1] C'est une erreur de près d'un demi-
siècle. L'inauguration solennelle de la
Grand'Salle eut lieu en 1313, sous le règne
de Philippe-le-Bel. « Après que le Palais
» fut édifié, lit-on dans Gilles Corrozet
» (*Antiquit. de Paris*, édit. 1586, f⁰ 98,
» verso), le Roy Philippes y tint feste l'es-
» pace de huict iours, en laquelle il fit ses
» trois fils Cheualiers : durant laquelle feste,
» le peuple de Paris tint les boutiques fer-
» mees, pour s'acommoder à la ioye du
» Prince. »

sous le Regne d'vn Roy tres-bon et tres-magnifique et tres-liberal, qui la restaurera et remettra comme estant la Sale Royalle de ses ayeux [1], la

---

[1] Le roi Louis XIII ayant exprimé, par un Arrêt du Conseil du 19 juin 1619, le désir de hâter le plus possible la restauration de la Grand'Salle du Palais, un Arrêt du 11 septembre 1620, inséré dans l'*Histoire de Paris,* de Félibien (t. V, p. 60), autorisa la vente de « places vaines et vagues » estans le long du fossé du fauxbourg Saint- » Germain des Prez, tirant depuis la porte » de Bussy jusques à celle de Nesle » et en consacra le produit à la reconstruction de cette salle. Jacques de Brosse, l'habile architecte du Palais d'Orléans (depuis du Luxembourg) et du portail de Saint-Gervais, fut chargé de ces travaux qui ne furent achevés qu'en 1622.

Capitale de l'Empire François, en vn
mot la maison des Roys : laquelle,
dis-je il restitura beaucoup plus belle
beaucoup plus magnifique, et plus
riche qu'elle ne fut iamais à la façon
de l'or, qui pour se rendre plus pur
laisse ses leories [1], et les ordures
dans le feu, se rendant plus beau, et
plus luysant apres s'estre puriffié dans
le feu, iecté et mis à part l'ordure et
l'escume qui l'offuscoit. [2] Ie ne fay
nulle doute que nostre Roy nostre
Loys le Iuste, qui tres-iustement a
merité ce tiltre, comme il est grande-

---

(1) *Leories*, scories.
(2) *L'offuscoit*, le dérobait aux yeux.

ment curieux obseruateur et amateur de la iustice, qu'il ne réedifie tout de nouueau ce Throsne, ce diuin Temple de Themis, vray domicile des loix. [1] Et par cette nouuelle entre-

---

(1) La salle de Jacques de Brosse, dite *des Pas-Perdus*, construite toute en pierre et de style d'ordre dorique, a huit piliers centraux, un de plus que l'ancienne salle qui n'en avait que sept. Aussi Guillebert de Metz commet-il une erreur (*Description de Paris,* ch. XXI, *Du Palais*) lorsqu'il dit, en parlant de la Grand'Salle : « Il y a huit colomnes.» Le 10 janvier 1776 eut lieu au Palais de Justice un second incendie allumé, croit-on, par des prisonniers de la Conciergerie, pour favoriser un projet d'évasion, qui détruisit la galerie des Prisonniers et la galerie Mercière avec toutes leurs boutiques.

8

surpasse celle d'Auguerrande Man-

(V. les *Procès-verbaux de la cour des aides de
Paris des 22, 26, 31 janvier et 7 février 1776,
au sujet de l'incendie du Palais, présentés au
roi par M. le premier président, avec la ré-
ponse du dit seigneur roi, etc. Paris. 1776.
In-4° de 21 p.*) La nouvelle salle des Pas-
Perdus, qui avait échappé à ce sinistre, fut
très gravement atteinte en mai 1871, dans
un troisième incendie du Palais de Justice,
œuvre criminelle de quelques partisans de
la Commune. Sa restauration vient d'être
achevée (janvier 1879) sous la direction de
MM. Duc et Daumet, architectes. Par une
étrange similitude de noms, qui induira
peut-être un jour en erreur les archéologues
de l'avenir, le premier collaborateur de M.
Duc, dans les travaux du Palais de Justice,
était M. Dommey.

gny (1) qui le fist bastir des frais du
fisc, et du Thresor public. Imitant en
cela l'Empereur Auguste : qui au
rapport de Suetone, édifia force lieux
publics, les principaux desquels furent, vn Palais de Iustice auec la maison du Dieu Mars ; le Temple d'A-
pollonda, le Palais, et la maison de
Iupiter au Capitole. La grande quan-

---

(1) Enguerrand de Marigny, comte de
Longueville, châtelain du Louvre, surin-
tendant des Finances et Bâtiments du roi
Philippe-le-Bel dont il devint premier ministre, né en Normandie en 1260, pendu
en 1315 au gibet de Montfaucon pour s'être
approprié le trésor royal.

tité qu'il y auoit lors a Rome de plaideurs, et des Iuges qui sembloiēt n'auoir assez de deux Palais pour playder, fut cause qu'il erigea et edifia ce troisiesme. Iamais en France ny eut si grande maison de procez n'y si grande quantité de playdeurs qu'il s'en voit à present : de sorte qu'il est plus que necessaire de le restablir, pour y comprendre si grande multitude de personnes, qui ne cessent de solliciter et de virer [1] iournellement que c'est Auguste lieu soit fait et réedifié. Or qui ayt esté c'est

(1) *Virer*, demander de côté et d'autre.

Exocrate [1], ce boute-feu [2], il ne sçait
pas encore. Il y en a qui estiment que
c'est le feu du ciel : sans apparence
neantmoins, veu que la rigueur de
l'hyuer, les esclairs, les tonnerres et
les dars de feu qui se decochent à la
saison d'esté, et par consequent frap-
pent les lieux les plus hauts, ne le
permettoient point : au moins s'il
s'en faut rapporter à la diuinatrice su-
perstition des anciens Herusques. [3]
Autres disent qu'il a esté aporté par

---

(1) Il s'agit ici d'Erostrate qui incendia
dans l'antiquité le temple de Diane, à
Éphèse, pour rendre son nom immortel.
(2) *Boute-feu*, incendiaire.
(3) *Herusques*, Étrusques.

ce malencôtreux Oyseau spinturnix, [1] oyseau boute-feu : lequel ainsi
qu'il se lit dans la venerable antiquité, mettoit le plus souuent dans le
Temple des Dieux, des charbons tous
ardents qu'il tiroit des Autels et buchers des victimes. Autres le rapportent a quelque malin esprit, demo-
niaque, ennemy iuré de toute huma-
nité, de societé ciuile, qui auroit voulu
se vanger par tel meschant et detes-
table fait, de quelque sien failly et

---

(1) Le *spinturnix*, cité par Pline l'ancien,
dans son *Histoire naturelle*, comme un oiseau incendiaire, était un oiseau noir res-
semblant à un corbeau, dit *crave* ou *coracias*.

chetif procez perdu. D'autres en accu-
sēt quelque feu mal estaint laissé
dans quelque terrine ou rechaut
qu'ont accoustumé d'auoir les Merciers en leurs boutiques pour leur
chauffer. Plusieurs rapportent c'est
accidēt à la meschanceté et impieté
du siecle, par quelque vengeance di-
uine: à la verité les flesches de la
diuinité courroucee sont ordinairement les incendies, les deluges et
grandes eaux, les gresles, et telles
semblables verges du Ciel irrité, comme il est eit [1] au Pseaume LXXVIII
en ces mots.

---

[1] *Eit*, lisez : *dit* (édit. de Lyon). La

On ne s'est point encore apperceu
que ce feu soit venu d'aucune poudre
à canon, comme il est souuant arriué : en n'a trouué nulle meche,
nuls indices de ce mal-heur, indices
que nous esperons, moyennant la
volonté de Dieu, qu'vn iour ils se

---

lettre latine (p. 10) est ainsi conçue : « vt
» Psalmo 77 memoratur : *Tradidit grandini*
» *iumenta eorum, et possessiones eorum igni*
» *Misit in eos iram, et indignationem, immis-*
» *siones per Angelos malos.* » Traduct. littérale : « comme il est dit au Psaume 77 : *Il a*
» *grêlé leurs troupeaux et incendié leurs pro-*
» *priétés. Il les a poursuivis de sa colère et de*
» *son indignation et a envoyé contre eux ses*
» *mauvais Anges.* » Tout ce passage n'a été
traduit dans aucune de nos deux éditions.

manifesteront. Deux des Messieurs [1]
furent deputez pour faire exacte re-
cherche de cest accident, et qui seroit
le capable [2] de si grande felonie. Il

---

(1) Un Arrêt de la Cour du *Mardy VI
Mars 1618,* (peut-être y a-t-il erreur de date)
inséré dans Félibien (t. V, p. 56), ordonne
que « pardevant MM. Guillaume Bernard
» et Guillaume des Landes, conseillers du
» roy, visitation sera faicte desdicts lieux,
» et rapport de l'estat, et par eux informé
» à la requeste du procureur general comme
» l'incendie est advenuë; à cette fin aura
» monition affin de revelation. »

(2) *Capable.* Var. de l'édit. de Lyon : *cou-
pable.* Cette dernière version est la meilleure, le texte latin portant (p. 10) : « quo-
» rum noxa tantum scelus admissum sit. »
Traduct. littérale: *par la faute desquels un
si grand forfait a été commis.*

y a environ 20 ans qu'vne bonne partie du Palais de Lombieres à Bor-
deaux fut bruslé par accident de feu
laissé mal esteinct, ou furent aussi
bruslez vne indicible quantité de sacs
plains de pieces, d'instrumens, contracts, et procedures des playdans, qui
causerent des cendres d'inestimable
prix, et telles que iusques à present
les pauures et miserables parties re-
grettent et gemissent leurs biens perdus et bruslez. Mais ie m'estonne
fort, comme il se soit peu faire, que
ce Palais soit demeuré pres de 400
ans, sans auoir eu aucun accident que
celuy d'a present: veu le peu de soin,
et le peu de precaution qu'ē ont eu,

iusques icy les Gardes du Guet, qui
y sont destinees. Au contraire il se
void qu'anciennement à Rome, on
prenoit grandissime soin, et bien de
la peine, pour empescher les accidens
de feu, et de nuict sur tout. Ils
auoient des Trium-vires, qui auoient
la charge et le soin d'empescher les
incendies, et qualiffioient ce Magis-
trat le Guet de nuict. Il se trouueroient [1] des familles publiques, qui
esteignoient tels feux qui gratuite-
ment qui en payant. Mesmes le Pre-

---

(1) *Trouueroient*. Var. de l'édit. de Lyon :
trouuoit.

uost appelle des Veilles, veilloit toute
la nuict, marchant a pied auec des
crocs, et des haches, appellant les Ha-
licans et leuagers [1] des maisons, les
aduertissant que par negligence ils
ne permissent qu'il suruint aucun
dommage de feu, et qu'vn chacun eut
de l'eau au haut de la maison de peur
de fortune. Partant nous esperons que
d'oresnauant, tant pour l'importāce
de eette inestimable perte, que par le
soin et bonne preuoyance du Parlement, les Cōcierges, Gardes et Senti-

---

(1) *Leuagers*, locataires.

nelles de cest auguste Palais seront
mieux aduisez, et soigneux qu'ils
n'ont esté par le passé : car si tāt est
que les Gentilz au seul aspect de
l'oyseau boute-feu ordonnoient des
prieres publiques, des Processions
generales, appaiṣans les Dieux par
victimes et sacrifices : que doyuent à
plus forte-raison faire les Chrestiens,
et sur tout les Parisiens à cause de ce
pernicieux accidēt ? et detourner de
dessus nos testes paravanture de plus
grands malheurs qui peut-estre nous
tallonnent? Partant nous deuōs tous
prier Dieu qu'ayāt frappé ceste partie
de la maison Royalle, il luy plaise
par sa bonté et miséricorde detourner

9

son ire [1], et retirer les bras, conser-
uer sa vie, et sauuer les Maiestez du
Roy et de la Royne, tous les surgeons [2] des fleurs de Lys Royalles,
les Princes, Messieurs du Conseil, et
aussi cest Auguste Parlement : qui
tous en general, et en particulier de-
sirent l'augmentation de leur gran-
deur Royalle : la paix et la trãquilité
publique : ie ne passeray sous silence
l'Arrest que la Cour donna le lendemain de cet Incendie [3] sur la Re-

---

(1) *Ire*, colère.

(2) *Surgeons*, rejetons.

(3) Cet arrêt daté « le huictiesme Mars,
» mil six cens dixhuict » et signé Voysin,

monstrance de monsieur le Procureur general : par lequel elle ordonna
que ceux qui auroient pris, et em-
porté, trouué par accident ou autrement, en quelque façon que ce pour-
roit estre des sacs, procés, pieces,
titres, Minuttes, et autres semblables
papiers, qu'ils eussent promptemēt
iceux rapporter au Greffe de la Cour,

---

est ainsi conçu : *Arrest de la Covr de Parlement svr le diuertissement faict au Palais
pendant l'incendie y aduenu, des sacs, procez,
pieces et registres qui y estoient. A Paris, par
Fed. Morel et P. Mettayer, Imprimeurs ordi-
naires du Roy.* 1618, pet. in-8° de 4 ff.
(autre édition : *Lyon.* 1618, in-8°). Le mot
« diuertissement » est pris ici dans le sens
de *détournement, vol.*

et s'il y escheoit recueillir sallaire : par le mesme Arrest aussi estroites deffences sont faites aux Apoticaires, Rellieurs, Papetiers, Cartoniers, espiciers, Merciers, et autres de telle condition, qu'ils n'ayent à achepter de qui que ce soit, aucuns papiers escrits en minutte ou grosses ny les employer à empacqueter leurs Merceries sur peines de grosses amandes contre les contre-venans. Etc.

FIN.

TABLE

—

INTRODUCTION

La Grand'Salle avant l'incendie. 5

L'Incendie du Palais. 28

L'HISTOIRE DE L'INCENDIE ET EMBRAZEMENT DU

    PALAIS DE PARIS 55

ACHEVÉ D'IMPRIMER

SUR LES PRESSES DE NOEL TEXIER

typographe à Pons

Le 15 Mars 1879

Pour Léon WILLEM, libraire

A PARIS

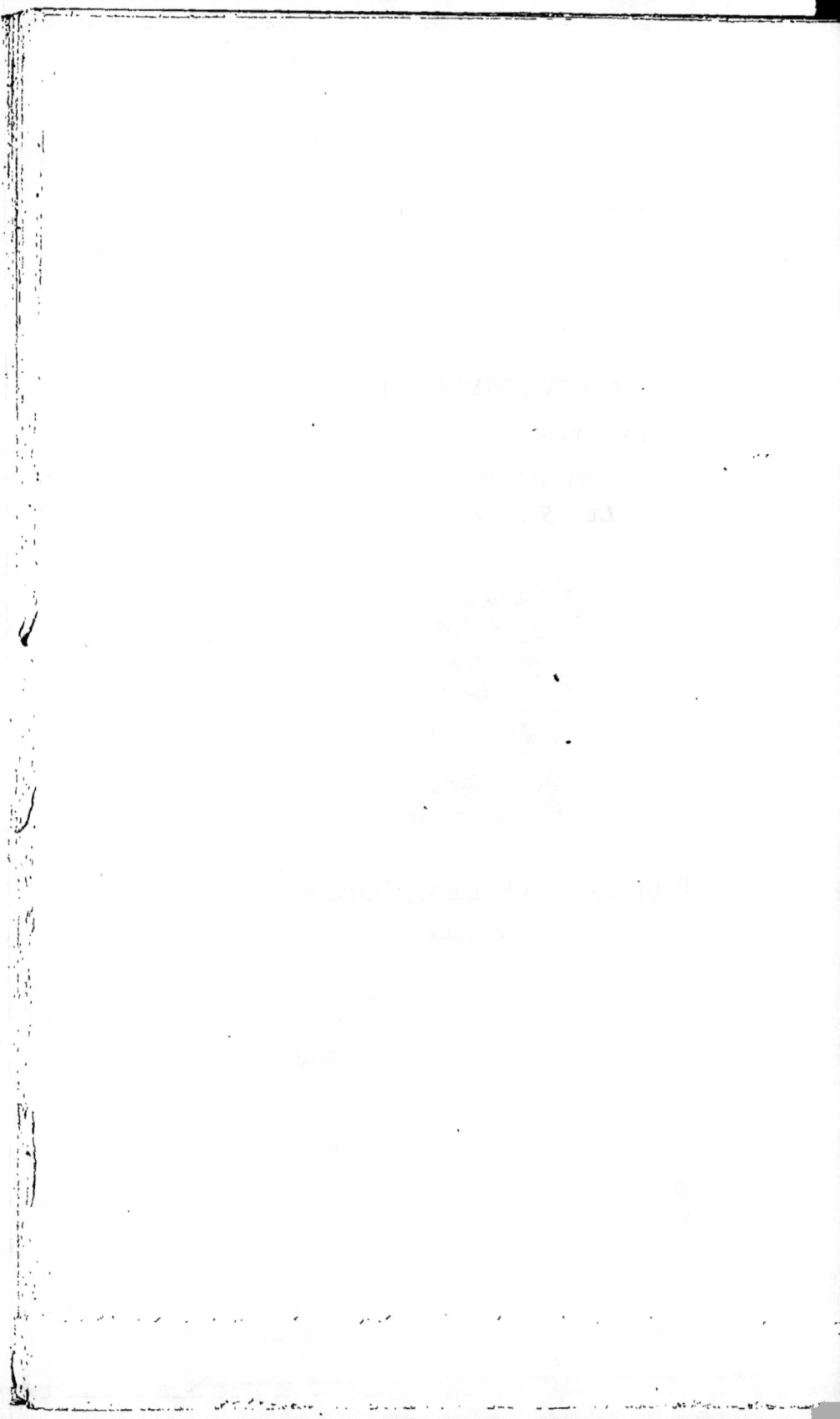

Librairie L. WILLEM, 2, rue des Poitevins, Paris.

COLLECTION HISTORIQUE

DES

BIBLIOPHILES PARISIENS

Environ 20 volumes in-8 écu, imprimés en
beaux caractères antiques, avec fleurons,
culs-de-lampe, lettres ornées et *fac-simile ;* le tirage est limité à 350 exemplaires, 320 sur papier de Hollande, 30
sur papier Whatman.

JOURNAL

DU SIÉGE DE PARIS

PAR HENRI IV EN 1590

RÉDIGÉ PAR UN DES ASSIÉGÉS

*publié d'après le manuscrit de la Bibliothèque Mazarine,
et précédé d'une étude sur les mœurs et coutumes des
Parisiens au XVIe siècle,*

PAR ALFRED FRANKLIN.

Un beau volume illustré de gravures sur bois, et de
l'*Entrée de Henri IV*, gravée sur acier.

Papier de Hollande, 12 fr.; Whatman, 30 fr.

REGISTRE CRIMINEL

DE LA JUSTICE DE

SAINT-MARTIN-DES-CHAMPS

A PARIS, AU XIVe SIÈCLE

*Publié pour la première fois, d'après le manuscrit
des Archives nationales,*

Précédé d'une Étude sur la juridiction des religieux
de Saint-Martin,

PAR LOUIS TANON,

SUBSTITUT DU PROCUREUR GÉNÉRAL.

Papier de Hollande, 10 francs; Whatman, 25 francs.

LES

RUES ET ÉGLISES

DE PARIS, VERS 1500

UNE FÊTE A LA BASTILLE EN 1518

LE SUPPLICE

DU MARÉCHAL DE BIRON

A LA BASTILLE EN 1602

Publiés avec Préfaces et Notes,

Par ALF. BONNARDOT, Parisien.

Papier de Hollande, 10 francs ; Whatman, 25 francs.

REGISTRE

DES DÉLIBÉRATIONS & ORDONNANCES

DES

MARCHANDS MERCIERS

DE PARIS (1596-1696)

Manuscrit incendié aux archives de la ville,
le 24 mai 1871, reconstitué avec préface et notes-appendices

PAR GUSTAVE SAINT-JOANNY

Archiviste de la Seine.

Papier de Hollande, 8 francs; Whatman, **20** francs.

PARIS

ARTISTIQUE & MONUMENTAL

EN 1750

Lettres du Dr MAIHOWS

traduites de l'anglais

PAR PHILIPPE-FLORENT DE PUISIEUX

Réimprimées pour la première fois, avec préface, som-
maires et notes,

PAR HIPPOLYTE BONNARDOT

Papier de Hollande, 8 francs; Whatman, **20** francs.

Librairie L. WILLEM, 2, rue des Poitevins, Paris.

LES
ANCIENS PLANS DE PARIS
NOTICES
HISTORIQUES & TOPOGRAPHIQUES

PAR

Alfred FRANKLIN

Conservateur-adjoint à la Bibliothèque Mazarine.

———

*Deux beaux volumes in-4 (format double), supérieu-
rement imprimés, avec lettres ornées et culs-de-
lampe, illustrés de vingt-huit grands fac-simile sur
bois et d'un plan de Paris de 1567, gravé en taille-
douce.*

TIRAGE A 354 EXEMPLAIRES, TOUS NUMÉROTÉS :

320 exemplaires sur papier de Hollande, chaque volume. . . . . 15 fr.
34 exemplaires sur papier Whatman, chaque volume . . . . 30 fr.

Imprimerie de Pons (Ch.-Inf.). — Noël Texier.

COLLECTION DE DOCUMENTS RARES OU INÉDITS RELATIFS A L'HISTOIRE DE PARIS

10 volumes, papier vergé, 54 fr.

LES ORDONNANCES faictes et publiées à son de trompe par les carrefours de ceste ville de Paris, pour éviter le dangier de Peste, 1531. Précédées d'une Etude sur les Epidémies parisiennes, par M. le docteur Achille Chereau.

LES RUES ET LES CRIS de Paris au XIIIe siècle, publiés par M. Alfred Franklin.

LA DANCE MACABRE et le Charnier des Innocents, reproduction fac-simile de l'édition originale de la dance macabre. Précédée d'une Etude par M. l'abbé Valentin Dufour.

LES AUTEURS DRAMATIQUES et la Comédie-Française à Paris aux XVIIe et XVIIIe siècles. D'après les documents inédits extraits des Archives du Théâtre-Français, par M. Jules Bonnassies.

LA FLEUR DES ANTIQUITEZ, singularités et excellences de la noble et triumphante ville et cité de Paris, capitale du royaulme de France, par Gilles Corrozet. Publiée par M. Paul Lacroix, de la Bibliothèque de l'Arsenal.

LES SIX COUCHES DE MARIE DE MÉDICIS, racontées par Louise Bourgeois, accoucheuse de la reine. Préface et Notes par M. le docteur Chereau.

LE BAILLIAGE DU PALAIS-ROYAL DE PARIS, par M. Charles Desmaze, conseiller à la Cour d'appel de Paris. 1 vol. Papier vergé, 5 fr.; papier de Chine, 10 fr.

LE CALENDRIER DES CONFRÉRIES DE PARIS, avec une Introduction par M. l'abbé Valentin Dufour. 1 vol. Papier vergé, 7 fr.; papier de Chine, 14 fr.

UNE FAMILLE DE PEINTRES PARISIENS aux XIVe et XVe siècles. Documents et pièces originales, publiés par M. l'abbé V. Dufour. 1 vol. Papier vergé, 5 fr.; papier de Chine, 10 fr.

L'INCENDIE DU PALAIS DE PARIS EN 1618, relation de Raoul Boutray, réimprimée pour la première fois, avec Introduction et notes, par M. Hippolyte Bonnardot. 1 vol. Papier vergé, 5 fr.; papier de Chine, 10 fr.

N. B. — *Le Bailliage, Le Calendrier des Confréries, Une famille de Peintres* et l'*Incendie du Palais* se vendent encore isolément aux prix marqués, mais nous n'en possédons que quelques exemplaires qui seront rapidement épuisés.

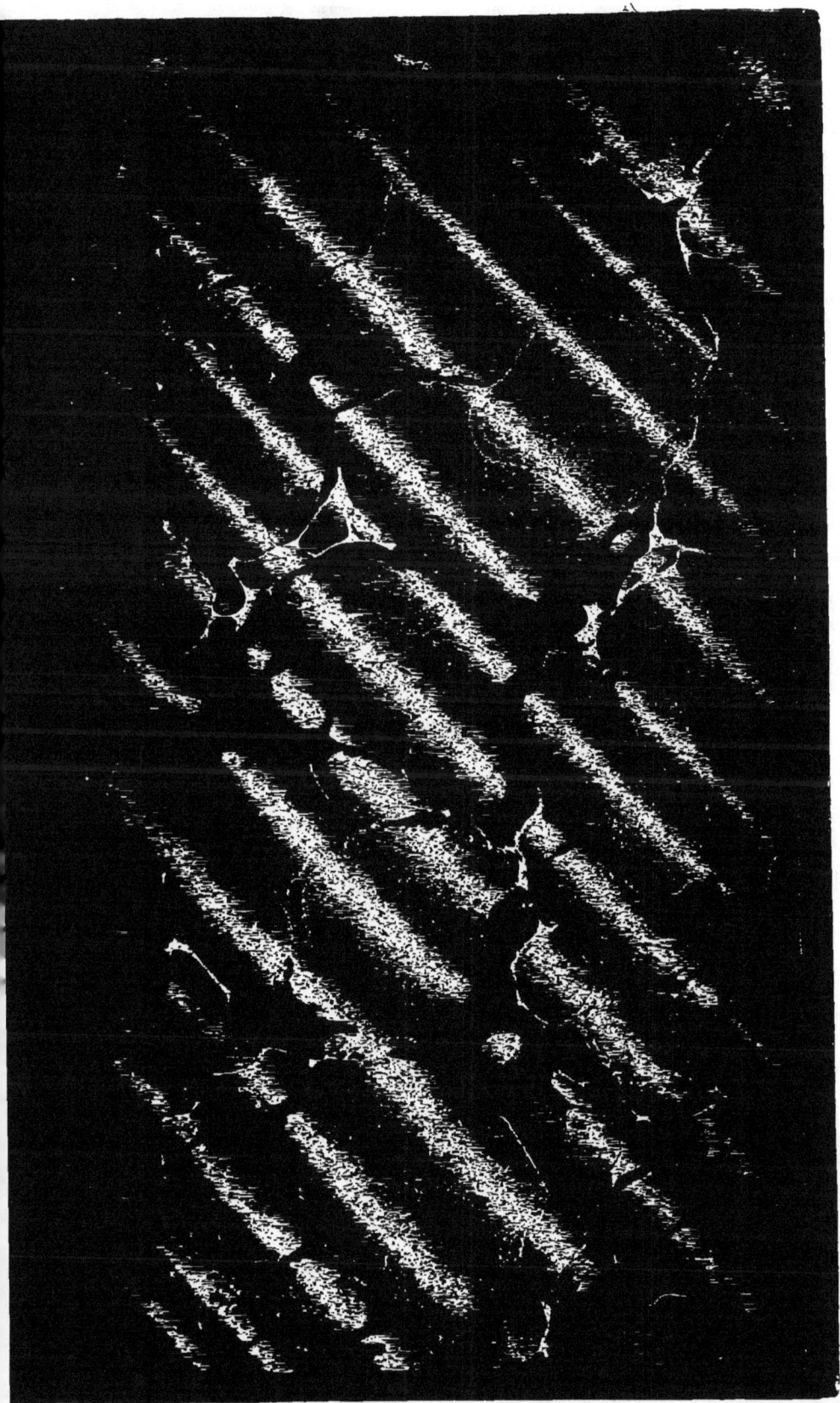

www.ingramcontent.com/pod-product-compliance
Lightning Source LLC
Chambersburg PA
CBHW071837090426
42737CB00012B/2273